lonely planet

LO MEJOR • VIDA LOCAL • GUÍA PRÁCTICA

LA HABANA

DE CERCA

BRENDAN SAINSBURY

Sumario

Puesta a punto 4

Capitolio Nacional (p. 70).
MARCO BORGHINI/SHUTTERSTOCK ©

Explorar La Habana 33

Merece la pena

Guía práctica 143

Imprescindible

Bienvenidos a La Habana

A primera vista, La Habana puede parecer un confuso rompecabezas, pero, si se aprende a juntar las piezas, acaba surgiendo una imagen hermosa. La ciudad esconde una refinada cultura artística, una historia que es como un tesoro amasado en un desván polvoriento y una energía salsera infatigable, que rezuma de las casas y emana de la gente.

Catedral de La Habana (p. 38).
JAMES GABBERT/GETTY IMAGES ©

Las mejores experiencias

Ver cinco siglos de arquitectura en la plaza Vieja (p. 36)

WESTEND61/GETTY IMAGES ©

LAZYLLAMA/SHUTTERSTOCK ©

Dejarse deslumbrar por el oro y el mármol en el Capitolio Nacional (p. 70)

MISANMILLAN/SHUTTERSTOCK ©

Recorrer las murallas del Parque Histórico Militar Morro-Cabaña (p. 60)

ERIC LAUDONIEN/SHUTTERSTOCK ©

Evocar los sabores de siglos pasados en la calle Mercaderes (p. 40)

Admirar la vanguardia en Fusterlandia (p. 128)

Ver pintura cubana en el Museo Nacional de Bellas Artes (p. 68)

Contemplar arte barroco en la catedral de La Habana (p. 38)

Caminar por las calles de la necrópolis Cristóbal Colón (p. 90)

Aprender sobre la historia de La Habana en el Museo de la Ciudad (p. 42)

Tomarse un mojito en el Hotel Nacional (p. 92)

Explorar un legado literario en el Museo Hemingway (p. 140)

Descubrir la santería en la iglesia de Nuestra Señora de Regla (p. 64)

Dónde comer

La oferta gastronómica de La Habana ha crecido exponencialmente desde principios de la década del 2010. La mayor concentración está en La Habana Vieja. Los restaurantes más exclusivos están en Playa. También ha proliferado la experimentación culinaria. Ahora hay restaurantes rusos, libaneses, indios e iraníes.

500 años cociéndose

La gastronomía de Cuba es un guiso creativo de recetas, bocados selectos y técnicas culinarias que fueron dejando los sucesivos viajeros desde la época de Colón y Velázquez. La cocina es como un caldero burbujeante lleno de ingredientes procedentes de España, África, Francia, los taínos precoloniales y culturas de otras islas del Caribe, marinados y mezclados durante 500 años.

De los taínos originales surgieron tubérculos indígenas como la yuca y la batata, y frutas como la guayaba. De los españoles vino la carne de cerdo, el arroz, las especias para potenciar el sabor y distintas técnicas de fritura. De los esclavos africanos, los plátanos en sus diversas formas junto con *congrí* (arroz y frijoles cocinados con especias en la misma olla).

Por último, Cuba comparte con las islas vecinas el inconfundible sabor consagrado del sofrito a base de tomate, cebolla, pimiento, ajo, laurel y comino.

Restaurantes de la granja a la mesa

Ajiaco Café El orgullo de Cojímar ofrece clases de cocina y platos tradicionales con ingredientes recolectados en una granja cercana. (p. 139)

Grados Restaurante pequeño y de alta calidad en el Vedado, con un toque personal y una fuerte conexión con la comunidad local. (p. 105)

El Cimarrón Proyecto social de temática afrocubana en el barrio del Vedado. (p. 105)

Mejores tapas

Toros y Tapas Dedicado a todo lo que procede de España, incluidas las mejores tapas tradicionales. (p. 121)

JON ARNOLD IMAGES LTD/ALAMY STOCK PHOTO ©

Lo de Monik Le añade un característico toque cubano a la tradición culinaria española. (p. 52)

Casa del Gelato La revolución del *gelato* arrasa en esta atractiva heladería de Miramar. (p. 121)

Barato y rápido

D'Next La representación viviente del principio de que a veces lo sencillo (y rápido) es lo mejor. (p. 52)

Café Bohemia Los tentempiés dulces y las tapas atraen tanto como el ambiente bohemio. En la plaza Vieja. (p. 54)

El Biky Atractiva cafetería retro afiliada a la panadería más aromática de La Habana. (p. 103)

De categoría

Otramanera Un pequeño paraíso culinario escondido detrás de una valla alta en Miramar. (p. 115)

San Cristóbal Para seguir los pasos de muchos famosos, entre ellos el presidente Obama. (p. 80)

La Guarida Una leyenda culinaria que en su día fue el decorado de una película nominada a los Óscar. (en la foto; p. 80)

Sabores internacionales

Nero di Seppia Tal vez el mejor restaurante italiano de La Habana, con fuertes competidores. (p. 120)

Casa Miglis Restaurante sueco en Centro Habana, famoso por sus albóndigas y por el *toast skagen.* (p. 81)

Topoly Restaurante iraní con un amplio porche en el Vedado, que seduce con sus fabulosos dulces. (p. 105)

La Catrina Este restaurante de temática mexicana en Playa sigue siendo una rareza en Cuba. (p. 122)

Dónde beber

HYBBGO/SHUTTERSTOCK ©

El panorama de bares y cafeterías de La Habana está pasando por una etapa interesante. Las franquicias internacionales todavía no se han afianzado y los empresarios locales están dirigiendo su creatividad a un número creciente de bares bohemios adornados con arte extravagante y música en directo.

La Habana Vieja

Al caer la noche, la calle Obispo es un corazón palpitante de música, con magníficas bandas en directo. La plaza Vieja se ha convertido en la más animada de las cuatro plazas principales, con bares de música *trance*, mientras que en la plaza del Cristo bohemios y *beatniks* redescubren a Charlie Parker renacido como *rockero* punk. San Isidro es el último distrito emergente de vida nocturna.

Centro Habana

Aquí la vida nocturna siempre ha sido un poco más candente que la de La Habana Vieja, y es mucho más 'local' que la del Vedado. Las calles siempre tienen ambiente. Para una velada más sofisticada, se puede ir a algún bar de uno de los mejores hoteles cerca del Parque Central. El del Hotel Packard es exquisito.

Vedado

El Vedado era el barrio de moda de La Habana ya antes de la Revolución, cuando la mafia de EE UU controlaba casi toda la vida nocturna. La variedad es enorme y sigue creciendo. Recientes inauguraciones incluyen clubes elegantes, cafés *beatniks* y coctelerías.

Café

Café Arcángel Cafetería pequeña y singular en una calle cutre de Centro Habana. (p. 84)

Café Fortuna Joe La cafetería más extraña de La Habana: se puede tomar un cafecito sentado en un inodoro. (p. 115)

El Café El mejor lugar de La Habana para disfrutar de un café matutino con un gran desayuno. (p. 56)

KAMIRA/SHUTTERSTOCK ©

Orígenes Café y tarta en un ambiente cinco estrellas en este bufé de postres del Hotel Royalton Paseo del Prado. (p. 84)

Cafeterías que hacen de galerías de arte

Café Madrigal Un local alocado y warholesco, con buenos cócteles y arte. (p. 91)

Espacios Los enormes lienzos rodean a los artistas que toman cócteles. (p. 115)

El Dandy Café fuerte, gente interesante, arte atractivo y servicio de primera. (en la foto, izda.; p. 54)

Bares icónicos

La Bodeguita del Medio Enfrentarse al caos en esta cuna del mojito y santuario de Hemingway. (en la foto, dcha.; p. 56)

El Floridita Sacarse una foto junto a una estatua de Hemingway y tomar un daiquiri. (p. 56)

Sloppy Joe's Ni está descuidado como reza el nombre ni el dueño se llama Joe. (p. 84)

Hotel Nacional Para brindar con los fantasmas de Winston Churchill y Frank Sinatra. (p. 92)

Para tomar un cóctel

Azúcar Lounge Un palco sobre la plaza Vieja, con cócteles excelentes. (p. 55)

Malecón 663 Templo de la alta cultura. (p. 83)

El Bleco El lugar más estiloso de La Habana, para ser visto mojito en mano. (p. 83)

Bares con música en directo

Pazillo Bar Local relajado para disfrutar de bocados ligeros, cócteles potentes y sonidos serenos en una atractiva casa del Vedado. (p. 108)

El Antonia Restaurante y bar que por la noche se convierte en sala de conciertos íntima. (p. 54)

Ley Seca Un *jazz* suave suena en este local con estética de bar clandestino en La Habana Vieja. (p. 56)

Espectáculos

Aunque el Vedado tal vez ha perdido su reputación prerrevolucionaria como barrio de casinos, sigue teniendo una gran vida nocturna, con una oferta de calidad de cabaré, jazz, música clásica, danza y cine. La Habana Vieja está saliendo de su letargo y su ocio es cada vez más moderno. La noche de Centro Habana es más ruda y local.

Una buena mezcla

Aparte de las evidentes raíces españolas y africanas, la música cubana se ha nutrido de muchas otras influencias. Ese exótico crisol contiene trazas de Francia, Estados Unidos, Haití y Jamaica. A su vez, también ha desempeñado un papel clave en el desarrollo de diversos estilos y movimientos melódicos en todo el mundo. Este proceso de ida y vuelta es muy evidente en la guajira. El 'efecto cubano' se remonta a formas tan diversas como el *jazz* de Nueva Orleans, la salsa de Nueva York y el *afrobeat* de África occidental.

Rumba

La rumba cubana es un estilo crudo, expresivo y emocionante de ver. Es una música espontánea y a menudo informal interpretada por hasta una docena de músicos. Congas, claves, palitos, marugas y cajones trazan ritmos entrelazados, mientras las voces alternan entre un cantante principal que improvisa a lo salvaje y un coro que responde.

Música en directo

Fábrica de Arte Cubano Un batiburrillo de artes escénicas, desde coros masculinos hasta *jams* femeninas de *jazz*. (p. 106)

Teatro Karl Marx Escenario de categoría para bandas locales e internacionales. (p. 125)

Jazz Club la Zorra y el Cuervo El mejor *jazz* en directo de la capital. (p. 109)

Café Teatro Bertolt Brecht Donde hacen cola los jóvenes de La Habana para ver en directo a bandas como Interactivo. (p. 95)

Cabaré

Tropicana Nightclub Caro y con muchos turistas, pero muy bueno. (p. 125)

ANTONY SOUTER/ALAMY STOCK PHOTO ©

Cabaret Parisién Una alternativa al Tropicana, que cada noche anima el Hotel Nacional. (en la foto; p. 109)

Habana Café Cabaré con muchos turistas en un ambiente estadounidense retro en el Hotel Meliá Cohiba. (p. 110)

Cabaret Las Vegas Los mejores espectáculos LGTBIQ+ de La Habana. (p. 108)

Bar-Restaurante 1830 Para bailar salsa después de cenar en el Malecón. (p. 108)

Cines

Cine Yara El cine más famoso de Cuba ofrece una selección de películas internacionales. (p. 95)

Cine Infanta Multicines que coalberga el festival de cine en diciembre. (p. 86)

Cine Charles Chaplin Montajes del director, películas de Chaplin y un museo de pósteres de películas en el vestíbulo. (p. 110)

Son y salsa

El Guajirito Cena-espectáculo con estrellas del Buena Vista Social Club. (p. 86)

Sociedad Cultural Rosalía de Castro Veteranos que tocan música tradicional con entusiasmo. (p. 86)

Festivales de La Habana

En La Habana se celebran numerosos festivales anuales. Los tres mejores serían el **Festival Internacional de Ballet de La Habana** (festival bienal de danza celebrado a finales de octubre), el **Festival Internacional de Jazz** (enero) y el elogiado **Festival Internacional del Nuevo Cine Latinoamericano** (diciembre).

Arte y arquitectura

La arquitectura de La Habana no tiene un estilo único. Al igual que su música, el ecléctico conjunto de edificios de la ciudad exhibe un descarado híbrido de estilos, ideas e influencias. El resultado es un repertorio de variaciones arquitectónicas que ha absorbido diversos géneros y ha creado algo exclusivamente cubano.

EQROY/SHUTTERSTOCK ©

Estilos arquitectónicos

Los estilos clásicos más predominantes de La Habana son el barroco y el neoclasicismo. El barroco comenzó en la década de 1750; en la de 1820 el neoclasicismo ganó preponderancia y continuó hasta la década de 1920. Los edificios emblemáticos de la era estadounidense (1902-1959) exhibían estilos *art déco* y, más tarde, modernista (con influencias del modernismo catalán). Se pueden ver curvas y adornos modernistas en las calles principales del eje este-oeste de Centro Habana. Los crecientes suburbios acaudalados de La Habana desde la década de 1910 lucieron un ostentoso eclecticismo, cortesía estadounidense.

Arte de La Habana

La Habana no suele aparecer en el panteón de las grandes ciudades artísticas, pero tal vez debería. Una mezcla poco convencional de clasicismo español, vanguardia europea, primitivismo y modernismo estadounidense, desarrollada durante siglos en su propio entorno tropical, ha dotado a la capital de una cultura artística única e independiente.

El mejor arte

Fusterlandia Barrio cubierto de una enorme variedad de mosaicos, azulejos y pinturas vistosas. (p. 128)

Fábrica de Arte Cubano Arte sin miedo a experimentar en una factoría única. (p. 106)

Museo Nacional de Bellas Artes Toda la historia del arte cubano, a través de una encomiable colección de obras maestras internacionales. (p. 68)

Callejón de Hamel Crisol de la cultura afroamericana de

GIL.K/SHUTTERSTOCK ©

La Habana y gran exponente del arte urbano. (en la foto, dcha.; p. 76)

Galería-Taller Gorría Galería en un distrito de arte comunitario de La Habana Vieja. (p. 55)

Arquitectura

Catedral de La Habana Este coloso de piedra de líneas onduladas es la cúspide del barroco cubano. (p. 38)

Plaza Vieja La plaza más variopinta de La Habana tiene todo tipo de estilos, desde mudéjar a modernista. (p. 36)

Capitolio Nacional Gran ejemplo del neoclasicismo del s. XX, totalmente reformado para el 500 aniversario de La Habana en el 2019. (p. 70)

Edificio Bacardí Ejemplo de arquitectura *art déco* en las Américas. (en la foto, izda.; p. 51)

Hotel Nacional Uno de los edificios más emblemáticos de La Habana, por dentro y por fuera. (p. 92)

Iglesias

Iglesia y convento de Nuestra Señora de la Merced El mejor interior de iglesia de la ciudad es todo un despliegue de frescos y adornos dorados. (p. 51)

Iglesia de Jesús de Miramar Vale la pena visitarla por su arquitectura y su arte, en especial su monumental viacrucis. (p. 115)

Circuito a pie

Una buena forma de descubrir el arte y la arquitectura de La Habana es con **Free Walking Tour Havana.** Son recorridos muy interesantes que empiezan en la plazuela del Santo Ángel cada día a las 9.30 y a las 16.00, y duran 2-3 h. Reservas por internet o llamando por teléfono con antelación. Se agradecen las propinas.

Otra cara de La Habana

La Habana es una ciudad de muchas capas y secretos: un desenfrenado mercado negro, una confusa yuxtaposición de empresas privadas y estatales, y el complejo sincretismo de la santería, por mencionar algunos ejemplos. Para entenderlo todo, es necesario explorar a fondo y vislumbrar lo que los lugareños llaman "la lucha cubana".

Charlar tomando un helado

Durante el día, el parque de Coppelia se caracteriza por las colas de gente, el 99% cubanos. Hacen cola para conseguir un helado. Se han forjado historias de amor en estas colas pacientes y la trama de la película *Fresa y chocolate* se basa en un encuentro espontáneo en la terraza de la heladería Coppelia. Sentándose en las mesas comunales, es fácil que el viajero acabe entablando conversación con lugareños interesantes.

Vivir el deporte

El deporte es un gran nivelador cultural se vaya donde se vaya, y Cuba no es una excepción, ya que asistir a un partido es muy barato. El deporte rey es el béisbol y cada día hay debates ardientes en un rincón del Parque Central conocido como la "Esquina caliente". Para ver un partido de los Industriales de La Habana, hay que ir al **estadio Latinoamericano** (Zequeira 312, Cerro; entradas 2 US$) en el municipio de Cerro, como lo hizo el presidente Obama cuando visitó Cuba en marzo del 2016 (la temporada va de agosto a enero). Además de esto, es fácil ver partidos improvisados de béisbol en la calle, sobre todo en Centro Habana.

Alternativas divertidas

Distrito de Arte de San Isidro Una zona poco turística de La Habana Vieja llena de grafitis, galerías y bares. (p. 55)

Real Habana Un restaurante privado en Centro Habana con una clientela cubana y una comida fiel a sus raíces. (p. 80)

JEREMY GRAHAM/ALAMY STOCK PHOTO ©

Centro Cultural Antiguos Almacenes de Depósito San José El mayor mercado de vendedores privados de La Habana es una pequeña colmena. (en la foto; p. 58)

Centro Cultural Enguayabera Centro cultural que acoge muestras de música y arte en las viviendas sociales de Alamar. (p. 139)

Gimnasio de Boxeo Rafael Trejo El corazón del boxeo de La Habana abre para combates, entrenamiento y caza de talentos. (p. 57)

Paseo Marítimo 1ª y 70 Concurrido paseo marítimo con bulliciosos restaurantes de pescado en la playa y mucho baile. (p. 115)

Merece la pena: Santuario de San Lázaro

El **santuario de San Lázaro,** en el discreto barrio de Rincón, es uno de los puntos de peregrinación más importantes de Cuba. Está dedicado al santo patrón de los pobres y los enfermos, y es venerado tanto por católicos como por seguidores de la santería. En las religiones afrocubanas, el *orisha* (deidad) Babalú Ayé se sincretiza con san Lázaro, a quien se representa como un anciano con vestidura áspera y muletas, de quien se dice que tiene poderes curativos. En su fiesta, el 17 de diciembre, miles de personas caminan hasta la iglesia (algunos de rodillas) para rezar por un alivio o para agradecer la curación.

Turismo responsable

JULIO RIVALTA/SHUTTERSTOCK ©

Experiencias positivas, sostenibles y agradables por toda la ciudad.

Consumo local

Casas mejor que hoteles y resorts Las casas particulares son de gestión privada. En ellas, el dinero del viajero va a los trabajadores, y ofrecen una visión sin censura de la vida de los cubanos.

De la granja a la mesa Cada vez más restaurantes cubanos siguen esta ética, asociándose con granjas para recibir productos e ingredientes. En el **Ajiaco Café** se puede visitar una como parte de una clase de cocina. (p. 139)

Proyectos comunitarios En La Habana hay numerosos proyectos comunitarios que han revitalizado las zonas urbanas con arte, gastronomía y pequeños negocios. Algunos ejemplos incluyen el Distrito de Arte de San Isidro y el callejón de los Peluqueros en La Habana Vieja, o el callejón de Hamel en Centro Habana.

Agropecuarios Los mercados de productos locales de La Habana se conocen como 'agropecuarios'. Todos los barrios tienen uno, y suelen combinar producción privada y estatal. No hay que perderse los divertidos y cantarines 'pregones' que ofrecen productos.

'Organopónicos' Así se conocen las granjas urbanas de Cuba. Uno de los más grandes e impresionantes es el Organopónico Vivero Alamar, de 11 Ha, fundado en 1997 cerca de Cojímar. Hacen visitas guiadas.

En ruta

Salida de un día a Las Terrazas Las Terrazas (provincia de Artemisa) fue un modelo de reforestación de bosques para evitar desastres ecológicos. Hoy es una reserva de la biosfera de la Unesco con buena infraestructura turística. Está 55 km al oeste de La Habana.

Viajar en colectivo Estos taxis compartidos para hasta cuatro personas (con gastos compartidos) forman parte de la cultura de Cuba. Recorren la mayoría de los barrios principales y pueden resultar más baratos que los autobuses.

Circuitos en bicicleta Varias pequeñas empresas privadas ofrecen circuitos en bicicleta por La Habana o alquilan bicis para ir por libre. Ruta Bikes (rutabikes.com) y Havana Bikes (havana-bikes.com) son recomendables.

EDB3_16/GETTY IMAGES ©

Coche propio Cuba tiene una de las tasas más bajas de propiedad de automóviles del mundo, con 67 vehículos por cada 1000 personas (890 por 1000 en EE UU).

Solidaridad

Proyectos sociales de La Habana La Agencia de Viajes San Cristóbal organiza visitas a los proyectos sociales para ver cómo la Oficina del Historiador de la Ciudad reinvierte el dinero del turismo en la comunidad.

Webs

Complejo Las Terrazas www.lasterrazas.cu

Cubanos en Defensa de los Animales (CeDA) cedacuba.org

Oficina del Historiador de la Ciudad, La Habana portal.ohc.cu

Agencia de Viajes San Cristóbal viajessancristobal.portal.ohc.cu

El cambio climático y los viajes

- **Es imposible ignorar el impacto** que ejercemos cuando viajamos, y la importancia de hacer cambios allá donde podamos.
- **Hay que comprometerse con la huella de carbono.** Muchas webs ofrecen calculadoras de carbono que permiten al viajero estimar las emisiones de carbono de su viaje; por ejemplo, resurgence.org/resources/carbon-calculator.html.
- **Muchas compañías aéreas y webs de reservas ofrecen a los viajeros la opción de compensar** el impacto de las emisiones de gases de efecto invernadero. Seguimos compensando la huella de carbono de todos los viajes del personal de Lonely Planet, a la vez que reconocemos que esto es una mitigación más que una solución.

De compras

Sesenta años de socialismo no han contribuido mucho a fomentar la oferta comercial de La Habana. Dicho esto, hay algunas tiendas interesantes para los viajeros, en especial si van en busca de ron, puros o café. Además, el circuito artístico de La Habana es atrevido y cambiante, y hay muchas galerías que vale la pena visitar.

THOMAS FRICKE/GETTY IMAGES ©

Puros

La Casa del Habano Quinta La mejor opción para los amantes de los puros, con un bar-restaurante. (p. 126)

Casa del Habano–Hostal Conde de Villanueva Tabaquería en un veterano hotel de La Habana conocido por sus tabaqueros y su personal experto. (p. 58)

Tienda de la Real Fábrica de Tabacos Partagás Tienda de la fábrica más famosa de la ciudad, especializada en la fortísima marca Partagás. (p. 58)

Arte

Fusterlandia Varias tiendas del distrito artístico, entre ellas el propio estudio de José Fuster, venden obra original. (p. 128)

Centro Cultural Antiguos Almacenes de Depósito San José Puestos de artistas en el mayor mercado privado de La Habana. (p. 58)

Museo Nacional de Bellas Artes–Arte Cubano La tienda del museo tiene muchos dibujos y reproducciones de arte cubano. (p. 68)

Tiendas privadas

Librería Memorias Objetos de colección y revistas antiguas en una librería deliciosa. (p. 87)

Clandestina Ropa reciclada en esta tienda privada. (p. 57)

Librería Venecia Carteles raros, libros desgastados y algún que otro tesoro esperando a ser encontrado. (p. 58)

Especialidades locales

Las tiendas que venden puros, ron y café son relativamente comunes en La Habana. Todas son gubernamentales. Como norma general, nunca hay que comprar puros en la calle, ya que casi siempre estarán dañados o serán de mala calidad.

Lugares históricos

La Habana es como un museo de museos. Hay desde una de las mejores galerías de arte del Caribe hasta museos dedicados a monedas, naipes antiguos y chocolate. También vale la pena visitar los magníficos fuertes, un cementerio inquietantemente hermoso y arte callejero como para llenar un vecindario entero.

ADWO/SHUTTERSTOCK ©

Historia en La Habana Vieja

En La Habana, la historia está apilada como un tesoro varado en una playa tropical. Pero hoy, gracias al legado del fallecido historiador Eusebio Leal Spengler, las calles coloniales parecen un poco menos decadentes. Durante más de 30 años, Leal ayudó a reconstruir pieza por pieza la desvencijada infraestructura de La Habana. Caminando por La Habana Vieja es posible sentir una conexión genuina con el pasado, ya sea en las imponentes fortificaciones costeras como en las íntimas plazas peatonales llenas de museos.

Parque Histórico Militar Morro-Cabaña Un complejo de dos fuertes declarado Patrimonio Mundial. Es como una miniciudad armada. (p. 60)

Castillo de la Real Fuerza El fuerte más viejo de La Habana reflexiona sobre su historia en un museo marítimo repleto de reproducciones a escala de viejos galeones. (en la foto; p. 49)

Museo de la Ciudad La historia de La Habana explorada en uno de sus mejores edificios barrocos. (p. 42)

Plaza de la Catedral Un ejemplo clásico de arquitectura barroca cubana. (p. 39)

Circuitos San Cristóbal

En representación de la Oficina del Historiador de la Ciudad, San Cristóbal ofrece diversos recorridos por los lugares de interés histórico de la urbe. Suelen salir a las 10.00 de la oficina en La Habana Vieja, pero es mejor consultarlo antes.

Para niños

COLINMTHOMPSON/SHUTTERSTOCK ©

A Cuba le gustan los niños, y a los niños les encanta Cuba. Bienvenidos a una cultura donde los niños todavía juegan libremente en la calle. Hay algo maravillosamente anticuado en el entretenimiento infantil. Menos juegos de ordenador y más partidos de béisbol improvisados con una pelota de plástico casera.

Planetario (calle Mercaderes; ☎7-801-8544) Incluye una reproducción a escala del sistema solar dentro de un orbe gigante, una simulación del Big Bang y un auditorio que permite observar más de 6000 estrellas. Todo bastante emocionante. Solo se puede acceder mediante visitas guiadas reservadas con antelación; se hacen de miércoles a domingo y se pueden reservar (en persona) los lunes y martes. (p. 37)

Fortaleza de San Carlos de la Cabaña El mayor fuerte de La Habana. Murallas alargadas, docenas de armas antiguas, paseos en coches de caballos y un cañonazo ceremonial al anochecer. (en la foto; p. 61)

Bosque de La Habana (Kohly) Un gran parque infantil, vendedores de helados, paseos junto al río y un amplio bosque lleno de enredaderas para despertar la imaginación. (p. 119)

Acuario Nacional (acuarionacional.cui;) Varias reproducciones de ecosistemas costeros de Cuba, incluida una cueva marina y un manglar. Está en el barrio de Miramar. (p. 117)

Diversión en la playa

Apenas 20 km al este de La Habana están las llamadas Playas del Este (p. 131), una larga extensión de arenales. Se pueden alquilar muchos artefactos acuáticos. Es ideal para una salida de un día en familia.

LGTBIQ+

El largo camino de la comunidad LGTBIQ+ desde la marginalización a la aceptación generalizada culminó en el 2022, cuando se dictaron las nuevas leyes que reconocían el matrimonio y la adopción entre personas del mismo sexo. La discriminación por motivos de orientación sexual y género ahora es ilegal.

NESTOR NOCI/SHUTTERSTOCK ©

Todo empezó con una película

En 1994, *Fresa y chocolate* desencadenó el primer diálogo nacional sobre la homosexualidad. La película cuenta la historia de Diego, un artista homosexual escéptico que se enamora de un militante comunista heterosexual que lo espía en secreto. Fue nominada al Oscar a la mejor película de habla no inglesa. Dos de sus principales localizaciones (Coppelia y el restaurante La Guarida) se han convertido en lugares de visita obligada.

Locales LGTBIQ+

Cabaret Las Vegas Atrevido cabaré local con espectáculos *drag*. (p. 108)

Toke Infanta y 25 Cafetería frecuentada por gais en el extremo oeste del Vedado; sirve tentempiés baratos. (p. 105)

Café Cantante Mi Habana Club revoltoso en el complejo del Teatro Nacional, con espectáculo *drag* los sábados. (p. 95)

Coppelia La heladería (y el parque) alcanzó la fama por *Fresa y chocolate* y es muy popular entre la comunidad LGTBIQ+. (en la foto; p. 95)

Hotel Telégrafo Axel El antiguo telégrafo del Parque Central es el primer albergue estatal LGTBIQ+. (axelhotels.com/es/telegrafo-axel-hotel-la-habana/hotel.html)

Zonas principales

La vida gay de La Habana se centra en la frontera entre Centro Habana y el Vedado, triángulo que se extiende entre la calzada de la Infanta y las calles L y 23 (La Rampa).

Cuatro días perfectos

Día 1

KAMIRA/SHUTTERSTOCK ©

Se exploran las cuatro plazas coloniales principales de La Habana Vieja, tomando café en la **plaza Vieja** (p. 36) y pasando por la **calle Mercaderes** (p. 40), llena de tiendas y museos. Se atraviesa la **plaza de Armas** (p. 49), con sus palacios barrocos y su fuerte renacentista, de camino a la **catedral de La Habana** (p. 38).

Se descubre el patrimonio artístico de La Habana con la colección cubana del **Museo Nacional de Bellas Artes** (p. 68). Luego se recorre la avenida del Prado y se admira la puesta de sol en el **Malecón** (en la foto; p. 73).

Para conocer el barrio nocturno más moderno de La Habana, se va a la **plaza del Cristo** (p. 51), con sus bares y su música en vivo.

Día 2

EQROY/SHUTTERSTOCK ©

Se empieza con un café en la **plazuela del Santo Ángel** (p. 49). Desde aquí, no está muy lejos el **Museo de la Revolución** (en la foto; p. 87), en el interior del Palacio Presidencial. Después de examinar las zonas exteriores, se va al **Parque Central** (p. 78) y se sube al **Habana Bus Tour** (p. 146) para ir hasta el Vedado.

Se baja cerca de la **Universidad de La Habana** (p. 100), con dos pequeños museos. Cerca está el suntuoso **Museo Napoleónico** (p. 98), oda al emperador francés. Después se va a tomar un helado a **Coppelia** (p. 95).

Se toma un mojito en la terraza del **Hotel Nacional** (p. 92) y se compra una entrada para el famoso **Cabaret Parisien** (p. 109).

Día 3

MARCIN MIERZEJEWSKI/SHUTTERSTOCK ©

Se hace una visita guiada al **Capitolio Nacional** (p. 70) y luego se visitan los vestíbulos de los hoteles de época cercanos. Se aprende sobre santería en la **Asociación Cultural Yoruba de Cuba** (p. 79) y se participa en un circuito alrededor del neobarroco **Gran Teatro de La Habana Alicia Alonso** (en la foto; p. 76).

Se toma un autobús o un taxi al **Museo Hemingway** (p. 140). Se sigue con la temática con un mojito en **La Bodeguita del Medio** (p. 56).

Se va a la **fortaleza de San Carlos de la Cabaña** (p. 61) para el famoso **cañonazo ceremonial** (p. 62) a las 21.00. Después se vuelve a La Habana Vieja y se pasea por calles encantadoras en busca de música y un trago.

Día 4

NIXY JUNGLE/SHUTTERSTOCK ©

Se va al extremo occidental de Playa y se visita **Fusterlandia** (p. 128). Para volver, se toma un taxi hasta la **Quinta Avenida.** Se admiran las mansiones eclécticas, muchas de ellas embajadas.

Se cruza el río Almendares del Vedado, tal vez con una parada en el **Bosque de La Habana** (p. 119). Se recorre la calle 23 hasta la magnífica **necrópolis Cristóbal Colón** (p. 90), especialmente atractiva al atardecer. Si queda tiempo, se camina hasta la **plaza de la Revolución** (en la foto; p. 99) y el **monumento a José Martí** (p. 99).

Se toman unos cócteles en el **Café Madrigal** (p. 91) y se pasa el resto de la velada en la incomparable **Fábrica de Arte Cubano** (p. 106).

Lo esencial

Para información detallada, véase 'Guía práctica' (p. 143)

Moneda
Peso cubano (CUP)

Idioma
Español

Dinero
Las tarjetas de crédito solo sirven en hoteles y negocios estatales. Abundan los cajeros, que aceptan algunas tarjetas de débito/crédito.

Teléfonos móviles
Se recomienda consultar a la propia operadora si el teléfono funcionará (solo redes GSM o TDMA). Se pueden comprar tarjetas prepago de Cubacel.

Hora local
La Habana está en la zona GMT/UTC −5 h.

Propinas
Los sueldos en Cuba son bajos, y una propina puede suponer una gran diferencia: 10% mínimo; 15-20% por un buen servicio.

Presupuesto diario

Económico: menos de 100 US$

Habitación en casa particular: 30-50 US$

Comida en restaurante gubernamental: 8-12 US$

Entrada a museo barato: 1 US$

Medio: 100-200 US$

Habitación en hotel de precio medio: 50-120 US$

Comida en restaurante privado: 12-20 US$

Mojito: 3-4 US$

Alto: más de 200 US$

Habitación en hotel de época: 200-325 US$

Taxi por la ciudad: 5-10 US$

Cabaret Tropicana: 75 US$

Con antelación

Tres meses antes Comprobar requisitos de visado, planificar un itinerario general, reservar vuelos.

Un mes antes Reservar hoteles a través de una agencia de viajes o preguntar la disponibilidad en las casas particulares por correo electrónico. Consultar con el banco para ver si la tarjeta funcionará en los cajeros. Comprobar que el vuelo incluya la tarjeta de turista.

72 horas antes Rellenar el formulario de información obligatorio D'Viajeros (dviajeros.mitrans.gob.cu).

Cómo llegar

El principal aeródromo de Cuba es el aeropuerto internacional José Martí, 20 km al suroeste del centro de La Habana.

La principal compañía de autobuses es Viazul. Salen de una terminal 3,5 km al norte del centro de La Habana y circulan desde la capital a casi todos los pueblos y ciudades de Cuba.

Desde el aeropuerto internacional José Martí

Un taxi al centro de La Habana cuesta unos 30 US$ (30-40 min).

Desde la terminal de ómnibus

Los taxis cobran aprox. 5 US$ por el trayecto corto desde la terminal de autobuses al centro de La Habana; se puede ir a pie con una mochila ligera.

Cómo desplazarse

Bicicleta

Los bicitaxis de dos plazas llevan a cualquier lugar de Centro Habana por el equivalente a 1 US$ el viaje corto (previo regateo).

Barco

Un transbordador cruza el puerto entre La Habana Vieja y La Habana del Este, Regla y Guanabacoa.

Autobús

El bus turístico Habana Bus Tour recorre dos rutas, de 9.00 a 18.00, por los principales puntos de interés. Los abarrotados buses metropolitanos llevan a sitios más periféricos.

Taxi

Los taxis están por todas partes, son baratos y van a zonas donde no llegan los autobuses, como a la periferia de La Habana.

LUCIAN MILASAN/SHUTTERSTOCK ©

Barrios de La Habana

Centro Habana (p. 67)
El barrio residencial más condensado de La Habana yuxtapone museos y hoteles bien mantenidos con una red vivísima de calles decrépitas.

El Vedado (p. 89)
El moderno corazón comercial alberga rascacielos de los años cincuenta junto a amplias y frondosas avenidas, y es famoso por su vida nocturna.

Playa y Marianao (p. 113)
En el barrio diplomático hay mansiones ostentosas, restaurantes de lujo, centros de convenciones y un club náutico y puerto deportivo.

La Habana Vieja
(p. 35)
Gracias a un meticuloso programa de restauración, el corazón colonial original de La Habana está repleto de reliquias históricas.

Playas del Este
(p. 131)
La costa oriental ofrece una sucesión de playas idílicas, hoteles con todo incluido y el pueblo costero de Guanabo.

Museo Hemingway
(p. 140)

Explorar La Habana

Merece la pena

Circuitos a pie

Callejón de Hamel (p. 76). KAKO ESCALONA/GETTY IMAGES ©

Explorar La Habana Vieja

El casco antiguo de La Habana es uno de los lugares más emblemáticos de Latinoamérica, una obra maestra arquitectónica de plazas meticulosamente conservadas y palacios grandiosos, con una población que todavía está emergiendo de varias décadas de austeridad económica. Es un lugar que combina lo grandilocuente con lo crudo. Nadie debería irse de Cuba sin pasar por aquí.

Lo esencial

- ***Plaza Vieja (p. 36)*** *Historia, buenas cafeterías y la belleza de la plaza más variopinta del barrio.*
- ***Catedral de La Habana (p. 38)*** *Visitar el principal templo religioso de la ciudad, pináculo de la arquitectura barroca cubana.*
- ***Calle Mercaderes (p. 40)*** *Remontarse a los tiempos coloniales en la calle más auténtica de La Habana, totalmente restaurada.*
- ***Museo de la Ciudad (p. 42)*** *Descubrir el pasado de capa y espada de La Habana en su mejor palacio barroco.*
- ***Plaza del Cristo (p. 51)*** *Empaparse de esencia bohemia en la plaza más artística de La Habana.*

Cómo llegar y desplazarse

Los autobuses metropolitanos van de la estación de tren al Vedado y Playa. El Habana Bus Tour T1 para en varios puntos de La Habana Vieja (incluida la plaza de Armas).

Pequeños ferris de pasajeros circulan a Casablanca y Regla, en la orilla este del puerto de La Habana.

Un taxi a/desde el aeropuerto tarda unos 40 min.

Plano de la zona en p. 46.

Catedral de La Habana (p. 38). VADIM_N/SHUTTERSTOCK ©

Las mejores experiencias

Ver cinco siglos de arquitectura en la plaza Vieja

PLANO P. 46, D6

La plaza Vieja, de 1559, es el espacio arquitectónicamente más ecléctico de La Habana, donde el barroco isleño se codea con un modernismo inspirado en Gaudí. Originalmente se llamaba plaza Nueva y se utilizó para prácticas militares; más tarde sirvió de mercado al aire libre. A diferencia de otras, la plaza Vieja es totalmente residencial.

Palacio Cueto

El característico **palacio Cueto** (en la foto), en la esquina sureste de la plaza, es el mejor ejemplo de modernismo en La Habana. Su ornamentada fachada de 1906 albergó en su día un almacén y fábrica de sombreros, antes de que José Cueto reformara el edificio en la década de 1920 como Hotel Palacio Vienna. Quedó vacío a principios de la década de 1990 y reabrió en el 2019 como hotel estatal de 60 habitaciones.

Palacio de los Condes de Jaruco

Este palacio de la esquina suroeste fue construido en 1738 con piedra caliza en un estilo de transición mudéjar-barroco. Es una de las mansiones más antiguas de la plaza Vieja. Abundan los detalles de época y es representativa de las casas mercantiles del s. XVIII . Durante muchos años fue residencia de los condes de Jaruco. Hoy es la sede de la principal fundación cultural de Cuba. Fue sometido a una larga restauración a principios de la década del 2020.

La fuente

Hay una fuente en esta plaza desde el s. XVIII. La original fue hecha en mármol de Carrara por el escultor italiano Giorgio Massari. Tristemente, fue demolida en la década de 1950 para dar paso a un aparcamiento subterráneo, pero a principios de la década del 2010 se instaló una réplica. Durante un tiempo estuvo rodeada de una verja, supuestamente para evitar que los escolares del barrio saltaran sobre ella. Ahora han quitado la valla y los niños siguen jugando cerca de la fuente.

★ Consejos

- La plaza Vieja es una opción correcta para comer o tomar algo. Hay lugares atractivos para tomar un café o un cóctel y es uno de los mejores núcleos de vida nocturna de La Habana Vieja.
- En la plaza también hay una cámara oscura y un planetario.
- En el lado oeste de la plaza Vieja se pueden ver algunos de los mejores *vitrales* de La Habana en las plantas superiores de varias mansiones restauradas. Estos vitrales semicirculares, diseñados para refractar el sol caribeño, son un elemento característico de la arquitectura colonial de La Habana.

✕ Una pausa

Se puede contemplar la actividad de la plaza desde arriba en el Azúcar Lounge (p. 55).

Para un lugar más íntimo, se puede ir bajo los arcos al Café Bohemia (p. 54).

Las mejores experiencias

Contemplar arte barroco en la catedral de La Habana

PLANO P. 46, D3

La increíble catedral de La Habana, dominada por dos torres desiguales y una espectacular fachada barroca obra de Francesco Borromini, fue descrita por el novelista Alejo Carpentier como "música convertida en piedra". Los jesuitas iniciaron la construcción de la iglesia en 1748 y las obras siguieron a pesar de su expulsión en 1767. El templo fue consagrado en 1789.

Fachada

La inusual fachada con ondulaciones de la catedral se considera la cumbre de la arquitectura barroca en Cuba. Las paredes exteriores, aunque visualmente llamativas, no estaban tan profusamente decoradas como las de iglesias europeas similares. Esto se debe principalmente a la dureza de la piedra caliza local, pero también influyó la falta de artesanos cualificados en la Cuba del s. XVIII. Observando de cerca, se ven fósiles marinos incrustados en las paredes y pilares.

Interior

En contraste con su ornamentada fachada, el interior es más neoclásico que barroco y relativamente austero, resultado de una remodelación puritana realizada por un obispo de principios del s. XIX. Hay frescos italianos originales sobre el altar. Los lienzos al óleo que adornan las paredes laterales son copias de obras de Bartolomé Esteban Murillo y Peter Paul Rubens. Se puede subir a la torre más pequeña de la catedral pagando una pequeña entrada.

Plaza de la Catedral

Delante de la catedral se extiende la plaza más íntima y homogénea del país, un verdadero museo del barroco cubano: todos los edificios circundantes son del s. XVIII. A destacar el majestuoso **palacio de los Marqueses de Aguas Claras** en el lado oeste, terminado en 1760, que cuenta con un hermoso patio andaluz (actualmente alberga un restaurante estatal). Otra belleza es el **palacio de los Condes de Casa Bayona** (justo enfrente de la catedral), el edificio más antiguo de la plaza, de 1720, actual sede del **Museo de Arte Colonial.**

★ Consejos

- Vestir apropiadamente para la catedral: no llevar camisetas sin mangas ni pantalones cortísimos.
- Volver a la plaza por la noche, con un ambiente muy diferente (más íntimo).
- Algunos de los mejores restaurantes de La Habana Vieja están en el pequeño callejón del Chorro, al lado de la plaza de la Catedral.
- Estar atento a los conciertos de música clásica que a veces se celebran en la plaza.

Una pausa

Uno de los mejores exponentes de la comida criolla es Doña Eutimia (p. 52), en un callejón en la esquina suroeste de la plaza, donde hay otros buenos restaurantes.

A dos manzanas de la catedral está El Rum Rum de La Habana (p. 51), uno de los restaurantes más sofisticados de la ciudad.

Las mejores experiencias

Evocar los sabores de siglos pasados en la calle Mercaderes

La calle Mercaderes, adoquinada y sin coches, ha sido ampliamente restaurada por la Oficina del Historiador de la Ciudad y es una réplica casi completa de su espléndido modelo del s. XVIII. Intercalados con los museos, tiendas y restaurantes hay algunos proyectos sociales, como una casa de maternidad y una cooperativa de fabricación de papel.

PLANO P. 46, D4

Museos gratuitos

La mayoría de los museos son gratuitos, incluida la **Casa de Asia** (con pintura y escultura de China y Japón), la **Armería 9 de Abril** (antigua armería asaltada por los revolucionarios ese día de 1958) y el **Museo de los Bomberos** (con material antiincendios antediluviano y dedicado a 19 bomberos de La Habana que perdieron la vida en un incendio ferroviario de 1890).

Casa de África

Bajando por Obrapía desde Mercaderes, vale la pena visitar este museo gratuito, que alberga objetos sagrados relacionados con la santería y la sociedad secreta Abakuá, recopilados por el etnógrafo Fernando Ortiz.

Un aire internacional

La esquina de Mercaderes y Obrapía tiene un aire internacional, con una **estatua** de bronce del libertador Simón Bolívar. Al otro lado de la calle está el **Museo de Simón Bolívar,** dedicado a su vida. La **Casa de México Benito Juárez** exhibe arte popular mexicano y muchos libros, pero no mucho sobre el propio Juárez (primer presidente indígena de México). Al este está la **Casa Oswaldo Guayasamín,** hoy un museo y en su día estudio del gran artista ecuatoriano que pintó a Fidel Castro en numerosas poses.

Tiendas

La calle Mercaderes se caracteriza por sus tiendas restauradas, entre ellas una de perfumes, otra de especias y una de las mejores tabaquerías de la ciudad, en el **Hostal Conde de Villanueva,** bellamente reinventado. Para explorar con tiempo.

★ Consejos

- Se recomienda visitar **Ediciones Boloña,** una pequeña librería en la esquina de Mercaderes y Obispo, que vende libros publicados o patrocinados por la Oficina del Historiador de la Ciudad. Muchos de ellos tratan la fascinante renovación de La Habana Vieja, con fotos excelentes.
- La mayoría de los museos de la calle abre de 10.00 a 18.00 de lunes a sábado, y hasta las 13.00 el domingo.

Una pausa

En la calle Mercaderes están algunos de los mejores restaurantes de La Habana, como el elegante Paladar Los Mercaderes (p. 52). Para tomar un chocolate caliente no hay nada como el Museo del Chocolate (p. 57).

Las mejores experiencias

Aprender sobre la historia de La Habana en el Museo de la Ciudad

PLANO P. 46, D4

Aunque estuviera vacío, este museo sería muy interesante por el opulento palacio que ocupa. El palacio de los Capitanes Generales, que llena todo el lado occidental de la plaza de Armas, data de la década de 1770 y es un gran ejemplo de barroco cubano. Se construyó con roca de las cercanas canteras de San Lázaro. Sus salones albergan un contenido muy interesante.

Cambio de función

Desde 1791 hasta 1898, el palacio fue la residencia de los capitanes generales españoles, administradores de la colonia. Durante un breve período entre 1899 y 1902 fue sede de los gobernadores militares estadounidenses. En las dos primeras décadas del s. xx se convirtió en Palacio Presidencial y, después, en el ayuntamiento de La Habana. El museo fue creado en 1968 después de que el palacio se convirtiera en uno de los primeros edificios de La Habana Vieja en ser renovado por Eusebio Leal, historiador de la ciudad. En la calle hay una estatua dedicada a Leal, que murió en el 2020.

Parroquia mayor

El lugar en el que se encuentra el museo estuvo ocupado por la parroquia mayor de La Habana, construida en la década de 1550. La iglesia sufrió graves daños cuando un barco explotó en el puerto en 1741 y nunca fue reparada. Fue reemplazada por la nueva catedral, construida por los jesuitas, y fue demolida en 1771 para erigir el palacio actual. Una sala del museo contiene una colección de objetos y vasijas rescatadas del edificio original.

Lo más destacado

El museo se extiende alrededor de un espléndido patio central con una estatua de Cristóbal Colón (1862). La colección (algo polvorienta) incluye muebles de época, uniformes militares y carruajes antiguos. Como objetos históricos, cabe destacar la embarcación utilizada por Antonio Maceo para cruzar la trocha de Mariel en 1896, un cañón capturado por soldados de la Guerra de la Independencia a los españoles en 1897 y la primera bandera de Cuba, izada por Narciso López en Cárdenas en 1850.

★ Consejos

- Hay audioguías por una pequeña tarifa.
- Se recomienda dedicar un poco de tiempo a visitar el **palacio del Segundo Cabo,** casi igual de opulento, en el lado norte de la plaza de Armas.

Una pausa

Se puede ir a la calle O'Reilly para tomar algo y comer unas tapas en el popular **O'Reilly 304** (5-264-4725) o su primo culinario, **El del Frente** (7-863-0206), en la azotea al otro lado de la calle.

Circuito a pie

La Habana Vieja renovada

La renovación de La Habana Vieja empezó a finales de los años setenta y todavía sigue. Este proyecto dirigido por la Oficina del Historiador de la Ciudad ha restaurado los edificios históricos más importantes de La Habana, ha creado proyectos sociales innovadores para la población local y ha cosechado numerosos premios internacionales por su trabajo cultural, histórico y sostenible.

Datos

Inicio Casa de la Obra Pía

Final Galería Taller Gorría

Duración 2 km; 1-2 h

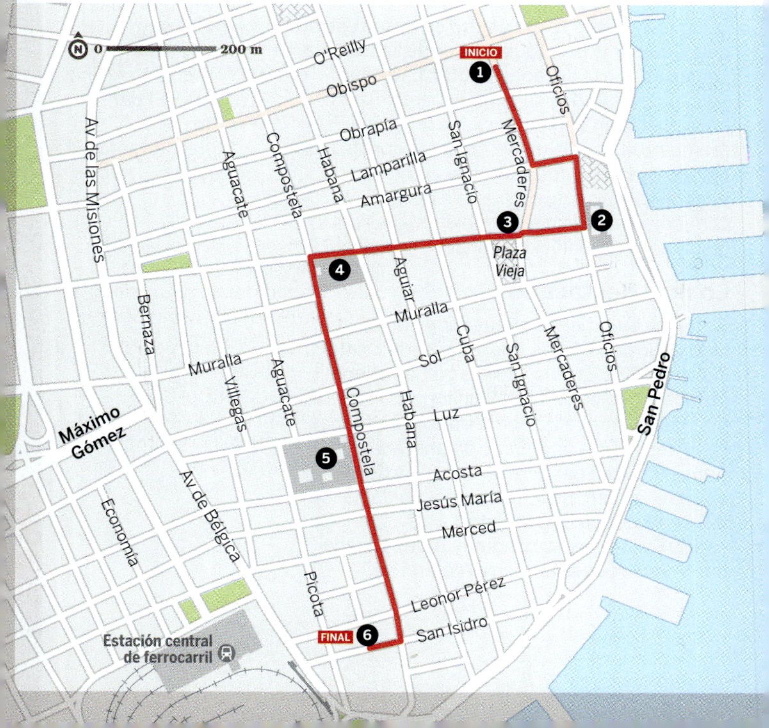

❶ Casa de la Obra Pía

Uno de los edificios más destacados de La Habana Vieja es la Casa de la Obra Pía, en origen mansión de un noble español. En 1983 la casa fue restaurada y convertida en museo y proyecto comunitario. Las salas que dan a la calle Mercaderes suelen albergar exposiciones de arte.

❷ Iglesia y monasterio de San Francisco de Asís

Esta iglesia y monasterio de 1608 fue desacralizada en la década de 1840. Durante las excavaciones de los años ochenta se desenterraron criptas y objetos religiosos, muchos de ellos expuestos en el **Museo de Arte Religioso** que se inauguró aquí en 1994.

❸ Escuela Ángela Landa

La plaza Vieja tal vez sea la más bonita de las restauradas por la Oficina del Historiador de la Ciudad, pero no todo es para turistas. En el lado norte está la escuela Ángela Landa, que a veces usa la plaza como patio de recreo y aula al aire libre. Se ven estudiantes corriendo, haciendo deporte o sentados y leyendo debajo de los gigantescos portales.

❹ Museo de la Farmacia Habanera

La maravillosa farmacia modernista Sarrá fue fundada por un catalán en 1888. Restaurada en los noventa, funciona como museo farmacéutico y farmacia para la población local (sobre todo de homeopatía).

❺ Iglesia y convento de Nuestra Señora de Belén

Este enorme convento del s. XVIII fue restaurado por la Oficina del Historiador de la Ciudad en los noventa y hoy es un activo centro comunitario. Dispone de 18 apartamentos permanentes para personas mayores, además de un museo de meteorología que abre esporádicamente.

❻ Distrito de Arte de San Isidro

La cuadrícula al sur de la calle Acosta fue declarada distrito artístico especial en la década del 2010, con murales, galerías y eventos frecuentes inspirados por emprendedores y por la Oficina del Historiador de la Ciudad. El centro de operaciones es la Galería Taller Gorría (p. 55), propiedad del actor Jorge Perugorría, y el bar-restaurante afiliado, el Yarini (p. 52).

Reseñas en:
Las mejores experiencias p. 36
Puntos de interés p. 48
Dónde comer p. 51
Dónde beber p. 54
Ocio p. 57
De compras p. 57
A
B
C
D
E
F
1
2
3
4
Castillo de San Salvador de la Punta
5
Fortaleza de San Carlos de la Cabaña
Bahía de La Habana
CASABLANCA
Malecón
San Lázaro
Cárcel
Genios
Refugio
Colón
Trocadero
Ánimas
Paseo de Martí (Prado)
Parque Mártires del 71
Callejón de los Peluqueros
8
Plaza 13 de Marzo
Parque Maestranza
Av Carlos Manuel de Céspedes
Tacón
Café del Ángel Jacqueline Fumero
Plazuela del Santo Ángel
6
23
21
13
Aguiar
Cuarteles
Cuba
32
LOMA DEL ÁNGEL
Chacón
19
Tejadillo
29
14
Catedral de La Habana
San Ignacio
Callejón del Chorro
Castillo de la Real Fuerza
Museo El Templete
Palacio del Segundo Cabo
35
16
41
42
Habana
Empedrado
Compostela
27
22
Aguacate
Agramonte
Av de las Misiones
Museo de la Ciudad
2
Museo Universitario
Obispo
48
Jústiz
3
Calle Obispo
45
Calle Mercaderes
50
Oficios
Edificio Bacardí
10
San Juan de Dios
20
O'Reilly
Aguiar
Cuba

Plaza Vieja
LA HABANA VIEJA
SAN ISIDRO
1 Plaza de San Francisco de Asís
4 Museo-Casa Natal de José Martí
7 El Ojo del Ciclón
9 Plaza del Cristo
11 Iglesia y convento de Nuestra Señora de la Merced
12 Iglesia parroquial del Espíritu Santo
Terminal Sierra Maestra
Estación central de ferrocarril
Capitolio Nacional
Parque Central
Parque de la Fraternidad
La Vitrola
El Café
Galería Taller Gorría
Paseo de Martí (Prado)
Máximo Gómez
Av de las Misiones
Av de Bélgica
San Pedro
Desamparados
Oficios
Mercaderes
San Ignacio
Cuba
Damas
Habana
Compostela
Aguacate
Villegas
Bernaza
Cristo
Santa Clara
Muralla
Sol
Luz
Acosta
Jesús María
Merced
Leonor Pérez
San Isidro
Picota
Aguiar
Lamparilla
Amargura
Obrapía
Brasil
Agramonte
Economía
Cárdenas
Cienfuegos
Gloria
Misión
Arsenal
Corrales
Aponte
Factoría
Apodaca
Dragones
Neptuno
San Rafael
400 m

Puntos de interés

Plaza de San Francisco de Asís
PLAZA

1 PLANO P. 46, E5

Esta amplia plaza que da al puerto data del s. XVI, cuando los galeones españoles atracaban en los muelles en su travesía del Caribe a España. En el siglo XVI se estableció un mercado, seguido de una iglesia en 1608, pero el mercado se trasladó al sur, a la plaza Vieja, pues los monjes se quejaban del ruido.

Museo Universitario
MUSEO

2 PLANO P. 46, D4

Este museo muy bien organizado cuenta la historia de las numerosas instituciones que en su día hubo en la calle Mercaderes, desde el antiguo convento de San Juan de Letrán (de 1570) hasta la Universidad de La Habana, fundada en 1728 y que se trasladó al Vedado en 1902.

Calle Obispo
CALLE

3 PLANO P. 46, D4

La estrecha y concurrida calle Obispo, la principal arteria de La Habana Vieja, está llena de galerías de arte, tiendas, locales de música y multitudes que parecen moverse al ritmo del hermoso estruendo de la música de los bares.

Museo Casa Natal de José Martí
MUSEO

4 PLANO P. 46, C8

Este diminuto museo, inaugurado en 1925, se encuentra en la casa

Castillo de San Salvador de la Punta.

Plaza de Armas

La plaza más antigua de La Habana se construyó a principios de la década de 1520, y hoy sus impresionantes fachadas barrocas albergan algunos de los mejores museos de la ciudad.

Aparte del obligatorio Museo de la Ciudad (p. 42), se recomienda visitar el **castillo de la Real Fuerza** (plano p. 46, E3), uno de los fuertes más antiguos que se conservan en América, que alberga el Museo de Navegación. Cerca está el robusto **palacio del Segundo Cabo** (plano p. 46, D4;), que alberga un museo dedicado a las relaciones culturales cubano-europeas, mientras que el pequeño **Museo El Templete** (plano p. 46, E3) marca el lugar bajo una ceiba donde se fundó La Habana en 1519.

donde el 28 de enero de 1853 nació el defensor de la independencia cubana. Es considerado el más antiguo de La Habana. La Oficina del Historiador de la Ciudad se hizo cargo de la casa en 1994 y de la sucinta pero magnífica colección dedicada al héroe nacional.

Castillo de San Salvador de la Punta FUERTE

5 PLANO P. 46, B1

Uno de los cuatro fuertes que defendían el puerto de La Habana. Fue diseñado por el ingeniero militar italiano Bautista Antonelli y construido entre 1589 y 1600. Fue objeto de reparaciones integrales después de que los británicos lo bombardearan durante su exitosa incursión en La Habana en 1762. En época colonial, cada noche se tendía una cadena de 250 m hasta el castillo del Morro (p. 61) para cerrar la boca del puerto.

Plazuela del Santo Ángel PLAZA

6 PLANO P. 46, B3

Esta íntima y preciosa plaza detrás de la **iglesia del Santo Ángel Custodio** se ha beneficiado de un proyecto de embellecimiento impulsado por la comunidad, gracias al cual se han creado varios restaurantes privados, además de una estatua de la heroína ficticia Cecilia Valdés, custodiada por un busto del autor que la creó, Cirilo Villaverde.

El Ojo del Ciclón GALERÍA

7 PLANO P. 46, B5

Justo cuando uno cree que ha visto el arte más extraño, surrealista y vanguardista de La Habana, se descubre esta galería abstracta, dedicada a la obra del artista cubano Leo D'Lázaro. Es un material alucinante: ojos gigantes, coches chocados, maletas pintadas y basura convertida en arte. (7-861-5359)

Rompecabezas histórico

En el campo de la preservación arquitectónica nunca se ha logrado tanto con tan pocos recursos. En la prensa internacional se habla mucho sobre el excelente funcionamiento de los sistemas educativo y sanitario de Cuba, pero relativamente poco sobre el notable trabajo de conservación del legado histórico del país, seriamente amenazado, sobre todo en La Habana Vieja.

La reconstrucción del casco antiguo está en marcha desde finales de los años setenta. Tras décadas de abandono, ha sido un proceso milagroso, teniendo en cuenta las dificultades económicas. El genio detrás del proyecto fue Eusebio Leal Spengler (1942-2020), el fallecido historiador de la ciudad. Imperturbable por el ajuste de las tuercas financieras durante el Período Especial de Cuba, en 1994 Leal creó Habaguanex, un *holding* que obtiene ingresos gracias al turismo. El dinero que gana Habaguanex se reinvierte en la urbe, repartido entre la preservación histórica y la regeneración urbana de toda la ciudad.

Evitando la tentación de convertir el casco antiguo de La Habana en un parque temático histórico, Leal trató de reconstruir el rompecabezas urbano como un auténtico centro 'vivo' que proporcione beneficios a los más de 82 000 habitantes del barrio. Como resultado, hay escuelas, comités vecinales, residencias para personas mayores y centros para niños con discapacidades, junto a edificios coloniales reformados. Cada vez que el viajero invierte su dinero en un hotel, museo o restaurante de La Habana Vieja, está contribuyendo a la restauración continua del barrio y a proyectos que benefician directamente a la población local.

Actualmente, la Oficina del Historiador de la Ciudad divide sus ingresos turísticos anuales (que superan los 160 millones de dólares) entre la restauración adicional (45%) y proyectos sociales en la ciudad (55%), de los cuales ahora hay más de 400. Hasta ahora, una cuarta parte de La Habana Vieja ha recuperado su esplendor de la época colonial, con atracciones turísticas que incluyen 20 hoteles gestionados por Habaguanex, 4 fuertes clásicos y más de 30 museos.

Callejón de los Peluqueros

CALLE

8 PLANO P. 46, C2

Este proyecto comunitario se basa en un novedoso salón de peluquería que funciona como escuela, además de pequeño museo del arte del barbero. Fue idea del barbero Gilberto Valladares, Papito. Con un poco de ayuda de algunos de sus amigos y de la Oficina del Historiador de la Ciudad, la temática de la barbería de Papito se ha apoderado de toda la calle, ahora con más de 20 negocios independientes.

Plaza del Cristo

PLAZA

9 PLANO P. 46, B6

Esta plaza un poco apartada del núcleo histórico todavía no ha sido renovada, y esto contribuye un poco a su encanto. Un lugar en el que esquivar bulliciosos partidos de fútbol, escuchar la música de varios bares sensacionales o sentarse con la mitad del vecindario y conectarse a la red wifi local.

Edificio Bacardí

MONUMENTO

10 PLANO P. 46, B4

Este espléndido edificio de 12 plantas de 1930 fue en su día el cuartel general de la dinastía del ron cubano. Es todo un triunfo de la arquitectura *art déco,* con lujosos acabados, relieves de terracota y azulejos vidriados. Está rodeado por otros edificios, de modo que es difícil conseguir vistas panorámicas desde la calle, pero la opulenta torre se ve desde toda La Habana.

Iglesia y convento de Nuestra Señora de la Merced

IGLESIA

11 PLANO P. 46, D7

Una iglesia barroca en una placita, omitida por las hordas de turistas. Tiene el interior eclesiástico más suntuoso de La Habana, solo parcialmente restaurado. Los hermosos altares dorados, las bóvedas con frescos y las valiosas pinturas crean un ambiente sacrosanto. Al lado hay un claustro sereno.

Iglesia parroquial del Espíritu Santo

IGLESIA

12 PLANO P. 46, D7

La iglesia más antigua de La Habana ha sido remodelada desde su fundación como ermita construida por esclavos libertos en 1638. La mayor parte del edificio actual data de mediados del s. XIX y es una mezcla de estilos morisco, gótico, neoclásico y andaluz.

Dónde comer

Restaurante Antojos

INTERNACIONAL **$$**

13 PLANO P. 46, B3

Un lugar para satisfacer los antojos a base de daiquiris, *baguettes* rellenas de cerdo desmenuzado o enormes tostones (plátano macho frito). De los maravillosos postres que sirven a todas horas, destaca en especial el arroz con leche con mucha canela. (☎5-277-2577)

El Rum Rum de La Habana

PESCADO **$$**

14 PLANO P. 46, C3

No todos los restaurantes tienen un sumiller de vinos y un sumiller de cigarros. Pero esto es La Habana, y El Rum Rum (su nombre hace referencia tanto al ron como a los chismes) lo trata todo con la misma pasión, cortesía de su entusiasta propietario, Osiris Óliver. Aquí todo es excepcional, desde los platos de pescado al entretenimiento musical, digno de un concierto. (elrumrum.restaurantwebexperts.com)

Yarini

CUBANA **$$**

15 PLANO P. 46, D8

Este bar-restaurante de azotea lleva el nombre de quien fuera un famoso proxeneta de La Habana. Se encuentra en el distrito emergente de arte urbano de San Isidro, y se lo puede identificar por el sombrero de neón brillante. Suele atraer a una parroquia artística, que acude a comer y beber en una terraza llena de helechos. Carta exhaustiva de cócteles y comida atrevida con influencia cubana. (yarinihabana.com)

Doña Eutimia

CUBANA **$$**

16 PLANO P. 46, D4

El secreto de Doña Eutimia es sencillo: solo buenas raciones de la mejor comida cubana. Sirven cosas como ropa vieja (ternera mechada; también hay una versión con cordero), un sensacional picadillo de ternera a la habanera (picante), un maravilloso lechón asado y pollo rústico, todo ello acompañado de arroz, frijoles y plátano frito. (☎7-861-1332)

Paladar Los Mercaderes

CUBANA **$$$**

17 PLANO P. 46, E5

Este restaurante en un edificio de época es uno de los paladares (restaurantes privados) más refinados de Cuba por su ambiente, servicio y comida, tanto cubana como internacional. Se sube por una escalera de mármol hasta un comedor donde tocan violinistas. En la carta, sardinas de Cojímar, cerdo de Pinar del Río o ropa vieja de Camagüey. (☎7-861-2437)

D'Next

CAFETERÍA **$**

18 PLANO P. 46, B6

El mejor lugar para pedir completos sándwiches, batidos de frutas (el de fruta bomba es espectacular), y café y tartas hasta la noche. D'Next es una cafetería de estilo *diner* estadounidense, con aire acondicionado, servicio rápido y vídeos de pop. Es un buen lugar para comer comida correcta sin esperas. (dnext-havana.com/en)

Lo de Monik

TAPAS **$$**

19 PLANO P. 46, B3

Aquí se cambia el esplendor colonial por ambiente de bistró francés. Está en el refinado barrio de Loma del Ángel. Tiene un interior blanco deslumbrante y un personal de lo más amable. La pizarra da ideas para el *brunch* o unas tapas (tacos de pescado, *baguettes* cubanas, tarta de queso...). Más tarde es ideal para tomar un cóctel. (☎7-864-4029)

5 Sentidos

INTERNACIONAL **$$**

20 PLANO P. 46, C4

Este local debería excitar por lo menos tres sentidos. La cocina abierta permite la libre circulación de aromas, luce una decoración de bistró francés y las papilas gustativas disfrutarán del cebiche, el pulpo o el cordero guisado. (☎7-864 8699)

Trattoria 5 Esquinas

ITALIANA $$

21 PLANO P. 46, C3

Varios establecimientos aspiran al título de mejor restaurante italiano de La Habana Vieja, y este es uno de ellos. Tiene un auténtico ambiente de *trattoria*, horno incluido. Los italianos no quedarán decepcionados con la pasta con marisco (generosa con la langosta) o los canelones de cangrejo y espinacas. Y se culmina la comida con un tiramisú. (☎7-860-6295)

Donde Lis

CUBANA $$

22 PLANO P. 46, C4

En el interior de este local, iconografía de los años cincuenta, reproducciones de arte tropical del s. XX y colores vivos dan vida a las paredes coloniales. La carta es una sofisticada mezcla de sabores: platos básicos cubanos con toques modernos y algunos cameos italianos y españoles. (dondelis.com)

Habana 61

CUBANA $$$

23 PLANO P. 46, C3

La carta ofrece clásicos cubanos con un toque especial. La langosta es uno de los más populares, pero la tradicional ropa vieja es igual de deliciosa. Como entrante no hay que perderse la sopa fría de tomate con gambas. Está en el barrio de Loma del Ángel, es pequeño y se llena con rapidez. Se recomienda reservar con antelación. (☎7-801-6433)

Paladar Los Mercaderes.

HEMIS/ALAMY STOCK PHOTO ©

Café Bohemia
TAPAS $

24 PLANO P. 46, D6

Este local en una mansión de la plaza Vieja lleva el nombre de una revista cubana de arte y cultura. Tiene un ligero aire bohemio, pero también sirve buenos cócteles, tapas y tartas adictivas. (havana bohemia.com;)

Jíbaro
CUBANA $$

25 PLANO P. 46, E7

Está en una mansión colonial restaurada en el barrio más antiguo de La Habana y es una buena opción para degustar comida cubana auténtica o tomar *mocktails* (cócteles sin alcohol). Los platos locales reciben un toque moderno sin ser demasiado *gourmet*. Se recomienda ceñirse a los clásicos y pedir tostones rellenos, ropa vieja o puré de frijoles negros. ()

Pistacchio Havana
HELADOS $

26 PLANO P. 46, B5

Esta heladería con mesas en la entreplanta es un motivo más para parar en la animada plaza del Cristo. Ha superado a varios de sus competidores en el premio al mejor helado de La Habana Vieja. Las tarrinas expuestas con cariño en 16 sabores parecen haber llegado de Italia.

El Antonia
CUBANA $$

27 PLANO P. 46, B4

Sabor y sonido en el corazón de La Habana Vieja. El Antonia destaca por su comida sabrosa y bien condimentada (su ropa vieja podría ser la mejor de La Habana) y elegante música en directo (trova, *jazz*, boleros). Hay un bar en la entrada, un pequeño escenario y una decoración interesante, que incluye sillas montadas en la pared e iconografía religiosa. No hay que perderse los conciertos nocturnos.

Oasis Nelva
DESAYUNOS $

28 PLANO P. 46, C6

Estos expertos en creps dulces y saladas se han forjado una reputación sólida sobre principios simples: estética de reciclaje con mentalidad ecológica junto con cócteles baratos pero generosos, opciones vegetarianas y desayunos abundantes. ()

Buena Vista Curry Club
INDIA $$

29 PLANO P. 46, C3

Con el objetivo de atraer a turistas hambrientos de especias y educar los paladares cubanos en los matices de la comida india, el Buena Vista Curry Club es un restaurante en un país que no está acostumbrado a los ardientes *phaals* y *paneers*. (buenavistacurryclub.com;)

Dónde beber

El Dandy
CAFETERÍA

30 PLANO P. 46, B6

Cafetería de día, coctelería de noche. Tras una cálida bienvenida al entrar, los eficientes camareros toman el pedido en la barra y los modernísimos y estilosos clientes

Distrito de Arte de San Isidro

El populoso barrio de San Isidro, desprovisto de los monumentos históricos comunes en otras partes de La Habana Vieja, era ignorado por los forasteros hasta mediados de la década del 2010. Antes de la Revolución era un conocido núcleo de iniquidad, con apuestas y contrabando. A partir de los años sesenta se convirtió en una densa red de viviendas sociales en decadencia. El cambio se produjo en el 2016, cuando un proyecto de arte comunitario en colaboración con la Oficina del Historiador de la Ciudad iluminó las monótonas calles con vívidos murales y galerías de arte innovadoras.

Uno de los principales motores de la reactivación del barrio es la **Galería Taller Gorría** (plano p. 46, C8; galeriatallergorria.com), fundada en una antigua panadería por el actor y artista cubano Jorge Perugorría (protagonista de la película *Fresa y chocolate* y la miniserie *Cuatro estaciones en La Habana*).

Con la ayuda de varios artistas radicados en Estados Unidos, la galería ha supervisado el desarrollo de las tradiciones culturales de San Isidro en murales que representan desde rostros enmascarados hasta animales y pájaros abstractos.

Demarcado por la cuadrícula de calles al sur de la calle Acosta, incluidas Merced, San Isidro y Picota, el vecindario saltó a la palestra tras la formación del Movimiento San Isidro en el 2018, fundado para luchar contra la censura. Los miembros del grupo han estado implicados en protestas, campañas en las redes sociales y huelgas de hambre.

se sientan en las mesas de mármol para dejarse ver. (bareldandy.com)

Azúcar Lounge

LOUNGE

31 PLANO P. 46, E6

Desde un balcón de una segunda planta, por encima del despliegue de belleza arquitectónica que es la plaza Vieja, no hay mejor lugar en Cuba para saborear una piña colada. Asientos cómodos, música *trance* y decoración vanguardista. Es un lugar moderno, pero no exclusivo, donde pasar el rato. (☎7-860-6563)

Color Café

CAFETERÍA

32 PLANO P. 46, C3

Esta pequeña cafetería, bar y *boutique* de moda perfectamente decorada aporta su toque único de color a la calle Aguiar. Se ha forjado una legión de seguidores gracias a sus deliciosos desayunos (gofres incluidos), su café y su animado ambiente musical. No hay que perderse la colección de ropa que hay en la entreplanta. (colorcafehabana.wordpress.com)

Los mejores desayunos

- **El Café** (plano p. 46, B5;) Servicio atento, café excepcional y sándwiches de masa madre casera, además de completos desayunos durante todo el día. Es muy popular entre los viajeros por sus opciones veganas y vegetarianas.
- **La Vitrola** (plano p. 46, D6) Con aire de años cincuenta en una esquina de la plaza Vieja. Sirven desayunos al aire libre con fruta, café, tostadas y generosas tortillas.
- **Café del Ángel Jacqueline Fumero** (plano p. 46, B3; cafedelangeljf.com/new-index) Protegiendo la preciosa placita que hay detrás de la iglesia del Santo Ángel Custodio, las populares mesas al aire libre del minimalista Fumero son un lugar excelente para desayunar a base de huevos y observar la vida callejera de La Habana.

Ley Seca BAR

33 PLANO P. 46, C5

En La Habana ha habido durante mucho tiempo un aire de bar clandestino. ¿Por qué no aprovechar la idea y abrir un local con esta temática? En este establecimiento el alcohol está a la orden del día, el *jazz* surge de un interior con poca luz y los camareros parecen recién salidos de un episodio de la serie *Peaky Blinders*. ¡Y sirven una buena *bruschetta*!

El Floridita BAR

34 PLANO P. 46, B5

El Floridita ya era un establecimiento muy popular entre los estadounidenses antes de que Hemingway se dejara caer por aquí en los años treinta. Es en este mismo local donde el coctelero Constante Ribalaigua inventó el daiquiri poco después de la II Guerra Mundial, aunque quien lo popularizó fue Hemingway. Al final, el bar creó una bebida en su honor: el *papa Hemingway special* (daiquiri con sabor a pomelo). (barfloridita.com)

La Bodeguita del Medio BAR

35 PLANO P. 46, D4

El bar más célebre de La Habana se hizo famoso porque a él iba Hemingway a beber ron. De visita obligada para muchos turistas que todavía no han caído en la cuenta de que los mojitos son mejores y mucho más baratos en otros lugares.

La Factoría Plaza Vieja BAR

36 PLANO P. 46, D6

Esta microcervecería original de La Habana ocupa una esquina de la plaza Vieja. Sirven cerveza casera, fría y suave en sólidos bancos de madera instalados en la calle en un salón luminoso y ruidoso. Si se va en grupo, se puede pedir una de las tres variedades de cerveza (rubia, ámbar u oscura) en un tubo de plástico alto con un grifo abajo.

Café El Escorial
CAFETERÍA

En su día era la única cafetería de la plaza Vieja. Este clásico estatal en una mansión colonial finamente restaurada cerca del Azúcar Lounge (véase 31 plano p. 46, E6) ha quedado superado por la competencia privada. El café sigue siendo bastante bueno y tuestan y muelen su propio grano aquí mismo, pero las tartas pueden ser tan secas como el servicio.

Museo del Chocolate
CAFETERÍA

37 PLANO P. 46, E5

Este museo-cafetería estatal en el corazón de La Habana Vieja es una dosis letal de chocolate y trufas (todo elaborado *in situ*). Se encuentra en la calle Amargura y es más cafetería que museo. Otra opción es saltarse el interior y pedir en la barra exterior, junto a un carrito de churros.

Ocio

Basílica menor de San Francisco de Asís
MÚSICA CLÁSICA

38 PLANO P. 46, E5

La iglesia de la plaza de San Francisco de Asís, que data de 1738, se ha reconvertido en un moderno museo y sala de conciertos. Acoge música coral y de cámara los sábados por la noche (la programación se muestra en la puerta) y la acústica es muy buena. Se recomienda comprar la entrada con al menos un día de antelación.

Gimnasio de Boxeo Rafael Trejo
BOXEO

39 PLANO P. 46, E8

El boxeo es muy popular en Cuba y el país tiene una larga colección de medallas de oro olímpicas. Los amantes del deporte deberían visitar este gimnasio, donde se pueden ver combates los viernes a las 19.00, o pasar cualquier día después de las 16.00 para ver el entrenamiento (o incluso para guantear). (7-862-0266)

De compras

Clandestina
ROPA

40 PLANO P. 46, B6

Cuando abrió en el 2015, era la primera tienda de diseño independiente de Cuba. Hacen camisetas, bolsos y complementos de cualquier material que encuentren, 99% cubanos. Es lo mejor que hay en la ciudad. Además, tienen conciencia medioambiental y una gran habilidad para trabajar en un clima económico difícil. (clandestina.co)

Mayuri Tienda Artesanías
REGALOS Y RECUERDOS

41 PLANO P. 46, C4

Tienda cuidada como un museo, especializada en sombreros panameños, camisas guayaberas y bellas artes. También ofrece una colección de puros, vino y ron. El personal es experto en la materia y sabe explicar los matices de los mejores *cohibas* y del mejor ron Havana Club. Tienen otra sucursal en el barrio de Loma del Ángel, en la calle Chacón 204.

Piscolabis Bazar & Café

MENAJE DEL HOGAR

42 PLANO P. 46, D4

A unos pasos de la catedral del s. XVIII (p. 38), es una tienda pequeña, llevada por un grupo de artistas cubanos de diversas disciplinas. Ofrece una amplia gama de artículos decorativos y funcionales para el hogar, así como joyas y ropa. Los diseñadores realizan creaciones modernas a partir de objetos icónicos del pasado de Cuba. (@piscolabishabana)

Librería Venecia

LIBROS

43 PLANO P. 46, B5

Librería privada en la calle Obispo que vende tomos de segunda mano, carteles de películas misteriosas y otros artículos que no se encuentran en ningún otro lugar de La Habana.

Tienda de la Real Fábrica de Tabacos Partagás

PUROS

44 PLANO P. 46, B5

Tienda afiliada a la principal fábrica de tabaco de La Habana (p. 79) en una esquina frente al parque Francisco de Albear. No es sorprendente que venda algunos de los mejores puros de La Habana, incluidos los de Partagás, profundos y terrosos. Hay expertos en puros para aconsejar.

Matty Habana

ARTE Y ARTESANÍA

45 PLANO P. 46, D4

Tienda privada en un lugar privilegiado de la calle Obispo, que vende una colección de artículos de regalo y recuerdos que contrastan con los habituales motivos del Che Guevara, el ron y los puros. Se pueden encontrar bolsas de lona, pantallas de lámparas artesanales, cojines, joyas, jabones y fotografías artísticas, todo ello producido localmente.

Centro Cultural Antiguos Almacenes de Depósito San José

ARTE Y ARTESANÍA

46 PLANO P. 46, E8

El mercado de artesanía se encuentra en un antiguo almacén de envíos en Desamparados. Su interior es un hervidero de comercio libre y regateo (algo inusual en Cuba). Los recuerdos posibles incluyen cuadros, guayaberas, artículos de madera y cuero, joyas y numerosas encarnaciones del rostro del Che.

Casa del Habano–Hostal Conde de Villanueva

PUROS

47 PLANO P. 46, D5

Una de las mejores tabaquerías de La Habana, con su propio torcedor de puros, sala para fumadores y personal experto en ventas. Está en la entreplanta de un hotel con temática de tabaco en la calle Mercaderes.

Mercado de libros de segunda mano

LIBROS

48 PLANO P. 46, E4

El famoso mercado de libros de segunda mano de La Habana, trasladado desde la plaza de Armas hace varios años, se reúne en las ruinas al aire libre de la antigua Casa de Jústiz y Santa Ana. Una mezcla ecléctica de libreros ambulantes que venden ejemplares de obras de Fidel Castro, Che Guevara y Ernest Hemingway.

Casa Obbatalá

ARTE Y ARTESANÍA

49 PLANO P. 46, B6

Esta tienda religiosa de La Habana Vieja vende todo tipo de ofrendas de santería y objetos de culto, casi exclusivamente a los lugareños. Los trajes, vestidos y muñecos lucen una vorágine de colores para los diferentes *orishas* (deidades): amarillo para Oshún, púrpura para Babalú Ayé, rojo para Changó y blanco para Obbatalá.

La Marca

TATUAJES

50 PLANO P. 46, E4

El primer salón de tatuajes con licencia en la isla. Está dirigido por un grupo de jóvenes artistas cubanos que mantienen un nivel de higiene internacional. A veces albergan exposiciones de los mejores artistas cubanos. (lamarcabodyart.com)

O'Reilly, gemelos culinarios

Un pequeño bar-restaurante que cada noche se llena de gente disfrutando de potentes cócteles, cebiche, deliciosos tacos de pescado y los *chips* de plátano más sabrosos de La Habana. Éxito asegurado. De hecho, O'Reilly 304 (p. 43) tuvo tanto éxito al abrir a principios de la década del 2010 que sus propietarios pronto abrieron otro restaurante al otro lado de la calle, al que llamaron El del Frente (p. 43). El segundo local mantiene la forma magistral, con algunas ventajas adicionales: terraza en la azotea, elementos de diseño de los años cincuenta y embriagadores cócteles de ginebra.

Factoría Diseño

DISEÑO

51 PLANO P. 46, E6

Galería y tienda donde se expone lo último en arte y diseño cubanos de vanguardia. La gran sala blanca tiene un diseño minimalista y ordenado, con objetos que van desde joyas hasta muebles. También hay una cafetería genial en la que descansar.

Las mejores experiencias

Recorrer las murallas del Parque Histórico Militar Morro-Cabaña

Este parque militar tal vez sea el complejo defensivo más formidable del antiguo imperio colonial español. Fue declarado Patrimonio Mundial por la Unesco, y está formado por dos fuertes: el Morro, con su emblemático faro, y la Cabaña, un amplio bastión militar famoso por sus vistas de la puesta de sol sobre el Malecón y por el cañonazo ceremonial.

Castillo de los Tres Reyes Magos del Morro

El Morro se alza sobre el mar desde un peñasco rocoso. Es el más antiguo y más pequeño de los dos fuertes. Fue erigido entre 1589 y 1630 para proteger la entrada al puerto de La Habana de piratas e invasores (el corsario francés Jacques de Sores había saqueado la ciudad en 1555). La forma poligonal irregular del fuerte, sus murallas de 3 m de ancho y el profundo foso son un buen ejemplo de arquitectura militar renacentista.

Durante más de un siglo, resistió numerosos ataques de corsarios franceses, holandeses e ingleses, pero en 1762, tras un asedio de 44 días, un ejército de 12 000 soldados británicos capturó el Morro atacando por tierra.

El famoso **faro** del castillo fue añadido en 1844.

Fortaleza de San Carlos de la Cabaña

La impresionante fortaleza de la Cabaña (en la foto) fue construida entre 1763 y 1774 en una cresta rocosa del lado oriental del puerto de La Habana para compensar una debilidad en las defensas de la ciudad. En 1762 los británicos se habían hecho con La Habana tomando el control de esta cresta, de gran importancia estratégica, y desde aquí sometieron la ciudad a cañonazos. Después, el rey español Carlos III ordenó la construcción de un fuerte enorme que repeliera futuros invasores.

Este coloso del s. XVIII mide 700 m de un lado a otro y abarca 10 Ha. Es la fortaleza colonial española más grande de América. La inexpugnabilidad del fuerte aseguró que ningún invasor lo asaltara jamás, aunque durante el siglo XIX los patriotas cubanos se enfrentaron aquí a pelotones de fusilamiento. Los dictadores Gerardo Machado y Fulgencio Batista utilizaron la fortaleza como prisión militar e, inmediatamen-

★ Consejo

- Contratar una calesa tirada por caballos para ir hasta el fuerte por la noche. Ayuda mucho a trasladarse al siglo XIX.

✕ Una pausa

Hay un par de bares-restaurantes dentro del fuerte de la Cabaña. Justo delante está el privado **Paladar Doña Carmela** (☎7-867-7472).

★ Cómo llegar

🚌 Se puede tomar el autobús metropolitano P-15 desde Centro Habana.

🚖 Un taxi desde La Habana Vieja debería costar unos 5 US$.

⛴ El ferri de Casablanca sale de Emboque de Luz, en La Habana Vieja.

te después de la Revolución, el Che Guevara instaló su cuartel general dentro de las murallas para presidir otra serie de espantosas ejecuciones (de oficiales de Batista).

El fuerte ha sido restaurado para los visitantes y se puede pasar por lo menos medio día visitando sus numerosos atractivos, que incluyen museos, bares, restaurantes, puestos de recuerdos y una tienda de puros (con el puro más largo del mundo).

Museo de la Comandancia del Che

El Museo de la Comandancia del Che probablemente sea el más interesante de los diversos museos que hay en los dos fuertes orientales de La Habana. Es diminuto, pero contiene un fondo interesantísimo sobre la vida de Ernesto Guevara de la Serna (el Che). Se encuentra en su antiguo despacho en el fuerte de la Cabaña, desde donde impartió "justicia" revolucionaria en 1959. La historia de su vida se cuenta mediante fotos y algunas posesiones (radios, mochilas y armas).

Museo de Fortificaciones y Armas

Museo de armamento dentro de la fortaleza de San Carlos de la Cabaña, que contiene desde arcos y flechas a gigantescas catapultas y cañones.

Cañonazo ceremonial

Cada noche a las 21.00, unos actores vestidos con atuendos militares del siglo XVIII recrean el disparo de un cañón sobre el puerto desde el fuerte de la Cabaña. Antaño,

Asedio británico del Morro

Los estrategas militares españoles llevaban años advirtiendo de que la alta cresta ahora ocupada por el fuerte de la Cabaña era un punto vulnerable. Efectivamente, en 1762, durante la llamada Guerra de los Siete Años, los británicos ocuparon esta cresta indefensa sin perder un solo hombre y utilizaron esa posición para bombardear tanto el fuerte del Morro como la ciudad de La Habana al otro lado del puerto. El asedio duró 44 días, antes de que los españoles se rindieran. Humillados por la derrota, decidieron no repetir el error. Al recuperar La Habana a cambio de Florida en 1763, reforzaron la cresta con una fortificación defensiva realmente enorme: la Cabaña.

el cañonazo marcaba el cierre de las antiguas puertas de la ciudad. Con una marcha solemne y las luces de La Habana de fondo, sigue siendo una ceremonia con mucho encanto.

Salas y contenido

El contenido exhibido en el Morro proporciona información esencial sobre los dos fuertes del parque militar, además de una impecable maqueta a escala del propio Morro. Hay una sala que describe el exitoso ataque británico al fuerte en 1762, un episodio que provocó que los españoles construyeran la Cabaña una década después. La historia se cuenta a través de una serie de lienzos que narran los acontecimientos de la batalla y se complementa con textos.

Estatua del Cristo

Es imposible pasar por alto esta estatua que se alza en el lado oriental del puerto. La creó Jilma Madera en 1958. La mujer del presidente Batista se la prometió a su marido después de que este sobreviviera a un atentado en el Palacio Presidencial en marzo de 1957. Irónicamente, fue inaugurada el día de Navidad de 1958, una semana antes de que el dictador huyera del país. Al bajar del ferri de Casablanca, se sube por la carretera unos 10 min hasta llegar al monumento.

Las vistas desde arriba son estupendas, y es un lugar de encuentro habitual de la juventud.

Las mejores experiencias

Descubrir la santería en la iglesia de Nuestra Señora de Regla

Esta modesta iglesia en la orilla este del puerto de La Habana es tan diminuta como importante. Su interior alberga a la Virgen de Regla, adorada por igual fervor por católicos y por seguidores de la santería (que la llaman Yemayá). La estatua de la Virgen fue llevada a La Habana en la década de 1690 y se remonta a un culto originado en España en el s. v.

La iglesia

La población de Regla se expandió alrededor de una ermita construida aquí en 1687. La iglesia tuvo varias encarnaciones, hasta que en 1810 se construyó el edificio original. Para entonces, la Virgen ya había sido declarada patrona del puerto de La Habana. La iglesia es de estilo colonial, con puertas de madera azul y pesadas vigas en el techo. En el interior, los nichos contienen estatuas de los santos y hay un altar cubierto de pan de oro y dominado por la Virgen negra, con su habitual túnica azul.

La Virgen negra

La Virgen negra es venerada en la fe católica, y también está asociada en la santería con Yemayá, *orisha* (deidad) del océano y patrona de los marineros (siempre va de azul). Cuenta la leyenda que fue tallada por san Agustín "el Africano" en el s. V, y que en el año 453 un discípulo llevó la estatua a España para protegerla de los bárbaros. La pequeña embarcación en la que viajaba la estatua sobrevivió a una tormenta en el estrecho de Gibraltar, de modo que la figura fue reconocida como patrona de los marineros. En tiempos más recientes, los balseros cubanos que intentan llegar a EE UU también han invocado la protección de la Virgen negra.

Los vendedores

Es raro encontrar la iglesia vacía. Suele haber peregrinos haciendo cola para rezar en silencio y ofrecer regalos a la virgen. Delante de la iglesia casi siempre hay vendedores de flores, abalorios y figuras de santería. Algunos tiran las cartas del tarot y se ofrecen a leer la suerte.

★ Consejos

- Para vivir Regla a fondo, lo mejor es estar aquí el 7 de septiembre, el día de la Virgen, cuando la sacan de la iglesia para pasearla por el barrio.
- Para conocer más sobre la santería, se puede ir al **Museo Municipal de Regla** después de visitar la iglesia.

Una pausa

- En Regla no hay gran cosa a nivel gastronómico.
- El **Bar Dos Hermanos,** cerca del muelle de ferris de Emboque de Luz (en el lado de La Habana Vieja), es un buen lugar para tomar algo antes de subir al ferri.

★ Cómo llegar

Se puede llegar fácilmente a Regla en el ferri de pasajeros, que sale cada 20 min de Emboque de Luz, en el cruce de av. del Puerto y Santa Clara (La Habana Vieja).

Explorar
Centro Habana

La concurrida cuadrícula residencial de Centro Habana ofrece una ventana a Cuba sin censura ni maquillaje. En sus calles llenas de baches pero siempre animadas los ancianos juegan al dominó, los tambores afrocubanos tocan adictivos ritmos de rumba y los edificios enmohecidos y destartalados dan pistas sobre sus ilustres vidas anteriores.

Lo esencial

- ***Museo Nacional de Bellas Artes (p. 68)*** *Ver una completa enciclopedia de arte cubano en este magnífico museo repartido en dos edificios.*
- ***Capitolio Nacional (p. 70)*** *Visitar este edificio legislativo, exquisitamente restaurado, con alta cúpula, columnas griegas e interior palaciego.*
- ***Vida urbana (p. 72)*** *Descubrir la calidad humana en las densas calles de este barrio superficialmente destartalado.*
- ***Malecón (p. 73)*** *Esquivar olas y coches en el magnífico paseo marítimo de La Habana.*
- ***Callejón de Hamel (p. 76)*** *Seguir el ritmo de los percusionistas rumberos en este callejón multicolor.*

Cómo llegar y desplazarse

El parque de la Fraternidad es el núcleo de transportes principal de Centro Habana. Los autobuses metropolitanos y el Havana Tour Bus recorren toda la ciudad.

Los taxis se concentran en el Parque Central. Para pagar menos tomando un almendrón (taxi compartido), se puede ir al parque El Curita (Dragones esq. Águila).

Plano de la zona en p. 74.

Capitolio Nacional (p. 70). ALAN NOVELLI/ALAMY STOCK PHOTO ©

Las mejores experiencias

Ver pintura cubana en el Museo Nacional de Bellas Artes

Este museo repartido en dos edificios bien podría ser el mejor centro de arte del Caribe. El edificio Arte Cubano contiene la colección más completa de arte de Cuba del mundo. La sección Arte Universal ocupa un palacio amplio y ecléctico con vistas al Parque Central, cuyos adornos exteriores son tan impresionantes como las piezas que exhibe en su interior.

PLANO P. 74, G3

www.bellasartes.co.cu

Colección Arte Cubano

La colección cubana se exhibe en el **edificio original** del museo en Trocadero, que data de 1955, entre la calle Agramonte y la avenida de las Misiones. Se encuentran dispuestas en orden cronológico empezando por la 3ª planta. Los artistas más destacados incluyen a Guillermo Collazo (el primer gran artista cubano), Rafael Blanco (pintor cuya obra recuerda a las viñetas, caricaturas y dibujos animados), Raúl Martínez (maestro del *pop art* cubano de los sesenta) y el picassiano Wifredo Lam.

Colección Arte Universal

La colección internacional abarca desde el año 500 a.C. hasta la actualidad. Desde el 2001, se exhibe en tres plantas en el **palacio de los Asturianos,** en San Rafael entre Agramonte y la avenida de las Misiones. Lo más destacado es la colección española, con lienzos de Francisco de Zurbarán, Bartolomé Esteban Murillo y José de Ribera, además de una obra diminuta de Diego Velázquez. También vale la pena curiosear entre los mosaicos romanos de 2000 años de antigüedad, la cerámica griega del s. V a.C. y un refinado lienzo de Thomas Gainsborough (en la sala británica).

'Gitana tropical'

Este retrato femenino sencillo pero inquietante, conocido como "la *Mona Lisa* del Caribe", es obra del pintor habanero Víctor Manuel García Valdés en París en 1929 y muestra claras influencias europeas. Valdés formaba parte de la vanguardia artística. Su *Gitana tropical* no solo es el cuadro más apreciado del país, sino que fue el precursor del arte moderno cubano.

★ Consejos

- Si hay poco tiempo, se puede admirar desde fuera el Centro Asturiano y explorar a fondo la colección Arte Cubano.
- Comprar una entrada combinada de los dos museos ahorra tiempo y dinero.
- Hay mucho que ver. Se recomienda dedicarle por lo menos 90 min a cada museo.

✗ Una pausa

Los dos museos tienen cafetería, pero son más para tomar algo que para comer. El **Café Baco** del edificio de la colección Arte Universal tiene una decoración fabulosa a base de azulejos sevillanos.

Sloppy Joe's (p. 84), a medio camino entre los dos museos, sirve un sándwich de ternera picante sensacional.

Las mejores experiencias

Dejarse deslumbrar por el oro y el mármol en el Capitolio Nacional

PLANO P. 74, G4

El incomparable Capitolio Nacional es el edificio más ambicioso y esplendoroso de La Habana, construido durante el boom posterior a la II Guerra Mundial, cuando el Gobierno parecía tener un presupuesto inagotable procedente del comercio del azúcar. Hasta 1959 fue sede del Congreso de Cuba y en el 2019 reabrió como Asamblea Nacional tras seis años de reformas.

Construcción y reformas

El edificio se parece al Capitolio de Washington, pero se inspiró en el Panteón de París. Se empezó a construir en 1926 por orden de Gerardo Machado, dictador apoyado por EE UU. Hicieron falta 5000 trabajadores y tres años, dos meses y 20 días para construirlo, y costó 17 millones de dólares.

Al principio, el Capitolio era la sede del Congreso de Cuba, y de 1959 al 2013 albergó la Academia de Ciencias de Cuba y la Biblioteca Nacional de Ciencia y Tecnología. En el 2013 empezaron las obras de restauración. Reabrió como Asamblea Nacional a tiempo para el 500º aniversario de La Habana en el 2019.

Salón de los Pasos Perdidos

Se accede por una amplia escalinata de 55 escalones, protegida por dos estatuas gigantescas del escultor italiano Angelo Zanelli: *El trabajo* (masculina) y *La virtud tutelar* (femenina). Las puertas principales dan al Salón de los Pasos Perdidos (en la foto), llamado así por su inusual acústica. En el centro, debajo de la cúpula, hay una magnífica estatua de bronce de *La república,* de 17,6 m de altura, que simboliza a la mítica guardiana de la virtud y el trabajo. Esta estatua de 30 toneladas está cubierta con pan de oro y es la tercera estatua interior más grande del mundo. Fue tallada por Zanelli en Roma y enviada a Cuba en tres piezas.

Otras salas

En cada extremo del edificio hay una cámara legislativa: la Cámara de Representantes y la Cámara de Diputados (el Senado). La primera se puede ver en una visita guiada. También se pueden visitar las suntuosas oficinas gubernamentales, decoradas en exuberante rococó y estilo imperio francés.

★ Consejos

- Solo se puede entrar con una visita guiada. La entrada se compra en la librería Artex que hay enfrente.
- Las visitas duran 45 min y salen a las horas en punto.
- Las visitas abarcan los elementos principales del edificio: grandes pasillos, Cámara de Representantes y varias opulentas oficinas.
- Destacan las antiguas salas de los comités, con los moldes originales de las estatuas de Zanelli, además de una colección de porcelana. También se pueden ver dos patios interiores atemperan el edificio y le añaden verdor.

✕ Una pausa

No se puede tomar nada dentro del Capitolio, pero hay muchas opciones cerca, como el Siá Kará Café (p. 83), a 5 min a pie, que sirve comida, cócteles y café.

Circuito a pie

Vida callejera en Centro Habana

La vida transcurre sin que importen el turismo, las inclemencias meteorológicas o la modernidad e internet. De día, este barrio vivaz a la vez que desvencijado es un microcosmos de vida cubana. Es el barrio con mayor densidad de población, con 135 000 habitantes en una cuadrícula de 3 km². *Por la noche es como un escenario de película antigua.*

Datos

Inicio Prado esq. Trocadero

Final Cayo Hueso

Duración 3,5 km; 1½ h

❶ El Prado

Los fines de semana, el paseo de estilo europeo a la sombra de los árboles que recorre el centro del Prado está lleno de artistas cubanos que producen, exhiben y venden sus obras. Entre semana hay que ir esquivando niños que juegan al fútbol y profesores que imparten clases de educación física.

❷ "Esquina caliente"

Siguiendo los gritos se puede encontrar el omnipresente grupo de hombres que discuten cerca de la estatua de José Martí en el **Parque Central** (p. 78). El tema suele ser el béisbol y el lugar se conoce como la "Esquina caliente", por la esquina de las calles 23 y 12 del Vedado, donde se reunían originalmente.

❸ El Bulevar

A la parte peatonal de la calle San Rafael cerca del Hotel Inglaterra los habaneros la llaman el Bulevar. Es un lugar animado y popular, con puestecitos de tentempiés, tiendas de comestibles y nostalgia años cincuenta.

❹ Parque de la Fraternidad

Si el viajero quiere fotografiar uno de esos viejos coches estadounidenses, encontrará docenas de almendrones alrededor del Capitolio, en lo que recibe el apodo de Parque Jurásico. El nombre real recuerda la fraternidad con las Américas, de ahí los bustos de líderes americanos.

❺ Barrio chino

En el barrio chino de La Habana destaca la ausencia de residentes chinos. En los años noventa el Gobierno cubano reconoció el potencial turístico de la zona y se propuso renovar su aire histórico.

❻ Calle Galiano

Oficialmente se llama avenida de Italia, pero los habaneros todavía la conocen como calle Galiano. Es la avenida principal de Centro Habana y en su día estaba llena de espléndidos grandes almacenes. Actualmente ha perdido esplendor, pero está igual de animada.

❼ Malecón

Se puede contemplar Cuba sin censura en los 7 km del Malecón, donde cientos de habaneros van a pasear al atardecer.

❽ Cayo Hueso

El caldero lleno de palos viejos es una *nganga* (altar de palo monte) y la gente vestida de blanco son *Iyabós* (iniciados en santería). Bienvenidos a Cayo Hueso, subdistrito de Centro Habana con fuerte herencia afrocubana. Se extiende alrededor del callejón de Hamel (p. 76), de colores vivos y famoso por los percusionistas de rumba los domingos.

Reseñas en:
Las mejores experiencias p. 68
Puntos de interés p. 76
Dónde comer p. 80
Dónde beber p. 83
Ocio p. 85
De compras p. 87
0
400 m
A
B
C
D
1
2
3
4
5
6
Malecón (Av de Maceo)
C 23
Humboldt
Calz de la Infanta
CP
CO
Príncipe
Vapor
Jovellar
25
CAYO HUESO
Parque Antonio Maceo
Malecón 663
San Lázaro
Lagunas
Escobar
Lealtad
20
Ánimas
Gervasio
Virtudes
24
15
Concordia
Neptuno
San Miguel
San Rafael
San Martín
Zanja
Callejón de Hamel 2
Callejón de Hamel
32
Convento e iglesia del Carmen 4
37
Soledad
Virtudes
Concordia
Neptuno
Oquendo
Marqués González
Lucena
Padre Varela
San Miguel
San Rafael
San Francisco
Espada
Hospital
Aramburu
San Martín
19
Zanja
Salud
Soledad
Santiago
Padre Varela
Gervasio
21
Jesús Peregrino
Pocito
Pocito
Iglesia del Sagrado Corazón de Jesús 7
Av Salvador Allende
40
Enrique Barnet
Maloja
Sitios
Peñalver
Desagüe
Retiro
Oquendo
Marqués González
San Carlos
12
Real Fábrica de Tabacos Partagás
Escobar
Lealtad
Peñalver
Calz de Ayestarán
Calz de la Infanta

E
F
G
H
1
2
3
4
5
6
Estrecho de Florida
Castillo de San Salvador de la Punta
Av de los Estudiantes
28
Cárcel
Palacio Velasco 14
Genios
Agramonte
Tacón
Paseo de Martí (Prado)
Malecón
27
San Lázaro
Refugio
Colón
Crespo
Águila
Consulado
41
Museo de la Revolución
Aguiar
Chacón
Tejadillo
Empedrado
8
Escuela Nacional de Ballet
18
Havana Super Tour
Trocadero
Blanco
Av de Italia (Galiano)
Bernal
Ánimas
Museo Nacional de Bellas Artes
Av de las Misiones
Aguacate
Compostela
San Juan de Dios
O'Reilly
Obispo
Perseverancia
Campanario
Manrique
San Nicolás
Virtudes
Palacio de los Matrimonios 6
31
39
30
3
Taller Comunitario José Martí
34
29
33
Amistad
Neptuno
17
5
10
Hotel Inglaterra
Parque Central
Obrapía
Lamparilla
San Rafael
San Miguel
Gran Teatro de La Habana Alicia Alonso 1
16
Capitolio Nacional
Agramonte
Bernaza
Cristo
Villegas
Aguacate
BARRIO CHINO
Cuchillo
23
Dragones
Barcelona
26
22
38
Muralla
Zanja
Fuente de la India
36
Sol
Salud
Dragones
Parque El Curita
Parque de la Fraternidad
11
13
Asociación Cultural Yoruba de Cuba
Luz
Av Simón Bolívar
Av de Bélgica
Acosta
Jesús María
Merced
Campanario
Manrique
San Nicolás
Rayo
Enrique Barnet
Maloja
Máximo Gómez
Suárez
Factoría
Corrales
Cienfuegos
Cárdenas
Economía
35
Sitios
Apodaca
Aponte
Gloria
Misión
Revillagigedo
Águila
Indio
Antigua muralla
9
Estación central de ferrocarril
La Coubre (200m)

Puntos de interés

Gran Teatro de La Habana Alicia Alonso
TEATRO

1 PLANO P. 74, G4

Este teatro neobarroco, construido como club social gallego entre 1907 y 1914, presenta detalles arquitectónicos muy ornamentados. Es el escenario oficial del Ballet Nacional de Cuba y la sede del **Festival Internacional de Ballet,** que se celebra cada dos años. Cada fin de semana hay espectáculos de danza, desde *ballet* a danza contemporánea, pasando por coreografías de influencia española de compañías de todo el país y del extranjero. Hay visitas guiadas diarias. (balletcuba.cult.cu)

Callejón de Hamel
CALLE

2 PLANO P. 74, B3

Hay por lo menos cuatro motivos para visitar este animado callejón: es la sede no oficial de la comunidad afrocubana de La Habana; está lleno de atractivo arte urbano, mayormente realizado con materiales reciclados; es una parada esencial para cualquiera que intente comprender las complejas religiones sincréticas de Cuba, y sus habitantes ofrecen hipnóticos espectáculos de rumba en directo (p. 85) cada domingo.

Taller Comunitario José Martí
GALERÍA

3 PLANO P. 74, G3

Taller-galería de un colectivo vanguardista formado por una docena de artistas, donde se pueden admirar o comprar sus atrevidas creaciones y charlar con los creadores. Se entra por el atractivo mural del Prado.

Convento e iglesia del Carmen
IGLESIA

4 PLANO P. 74, A3

El campanario de esta iglesia domina el perfil urbano de Centro Habana y está coronado por una enorme estatua de Nuestra Señora del Carmen. En su atractivo interior lucen ricos azulejos de estilo sevillano, un retablo dorado, tallas de madera ornamentadas y frescos. Sorprende que la iglesia no se construyera hasta 1923 (para la orden carmelita). El edificio se considera ecléctico.

Hotel Inglaterra
EDIFICIO HISTÓRICO

5 PLANO P. 74, G3

El hotel más antiguo de La Habana abrió en 1856 en un bar muy popular llamado El Louvre (el bar en la terraza del hotel todavía lleva ese nombre). El hotel se encuentra enfrente del Parque Central (p. 78) y muestra los elementos de diseño neoclásico de moda en la época. El vestíbulo está embellecido con azulejos moriscos. En un banquete celebrado aquí en 1879, José Martí pronunció un discurso a favor de la independencia de Cuba. (hotelinglaterralahabana.com)

JULIO RIVALTA/SHUTTERSTOCK ©

Hotel Inglaterra.

Palacio de los Matrimonios

EDIFICIO RELEVANTE

6 PLANO P. 74, G3

En un país mayoritariamente laico, aquí es donde muchos habaneros van a casarse; el edificio no es menos pomposo que una iglesia. Este palacio neorrenacentista, construido como club social español en 1914, está ornamentado por dentro y por fuera con amplias escalinatas y un salón de baile con elaborados frescos.

Iglesia del Sagrado Corazón de Jesús

IGLESIA

7 PLANO P. 74, D5

Está un poco apartada, pero vale la pena el paseo. Esta inspiradora creación de mármol con un característico campanario blanco es uno de los pocos edificios góticos de Cuba. Es famosa por sus magníficas vidrieras y la luz que penetra por los aleros a primera hora de la mañana (cuando la iglesia está desierta) confiere al lugar una extraña cualidad etérea.

Escuela Nacional de Ballet

EDIFICIO RELEVANTE

8 PLANO P. 74, G2

La famosa escuela de *ballet* de Alicia Alonso ocupa un edificio neoclásico enfrente del paseo arbolado del Prado. Es la mayor escuela de *ballet* del mundo, con más de 3000 alumnos, y también una de las más prestigiosas. El tintineo del piano y el repiqueteo de los pies se oyen a menudo entre el gruñido de los coches de época que recorren la calle.

Antigua muralla

LUGAR HISTÓRICO

9 PLANO P. 74, H6

En el s. XVII, ansiosas por defender la ciudad de los ataques de piratas y ejércitos extranjeros, las autoridades coloniales de Cuba trazaron los planos de una muralla protectora de 5 km de largo. Se construyó entre 1674 y 1740, con 1,5 m de grosor y 10 m de altura. El trazado de la muralla actualmente lo ocupan las avenidas de las Misiones y de Bélgica.

Parque Central

PARQUE

10 PLANO P. 74, G3

Este pequeño parque es un refugio verde de los autobuses y taxis que circulan por el paseo de Martí. Es como un microcosmos de la vida cotidiana habanera. Fue ampliado hasta su tamaño actual a finales del s. XIX, después de derribar las murallas de la ciudad. La **estatua de mármol de José Martí** de 1905 que lo preside fue la primera de las miles que se erigieron en Cuba. Está rodeada por 28 palmeras.

Fuente de la India

MONUMENTO

11 PLANO P. 74, G5

Esta fuente de mármol fue tallada por Giuseppe Gaggini en 1837 para el conde de Villanueva, y ahora se encuentra en una isleta frente al casco del Hotel Saratoga. Representa a una regia mujer indígena con una corona de plumas de águila, sentada en un trono y rodeada de cuatro delfines gargolescos.

Parque Central.

TOMS AUZINS/ROBERTHARDING/GETTY IMAGES ©

Malecón

A veces se le da el apodo del "sofá más largo del mundo". Con sus 7 km de largo, el Malecón se extiende desde la cúspide de La Habana Vieja hasta la periferia de Miramar, pasando por algunos de los monumentos y edificios más evocadores de la ciudad.

Habaneros de todo tipo se congregan aquí para cotillear, divertirse, meditar y disfrazarse, utilizando el vetusto Malecón como si fuera una extensión al aire libre de sus salones. Aquí se reúnen jóvenes enamorados, poetas callejeros, borrachos, pescadores y músicos brillantes practicando sus arpegios. El ambiente se intensifica al atardecer, cuando el cielo se tiñe de naranja y las decadentes fachadas de Centro Habana adquieren un aire romántico.

El abandono y los efectos destructivos del océano han dejado muchos de los edificios de la vía pública abocados a la decrepitud y a daños irrevocables. Varios hoteles nuevos han intentado invertir la tendencia.

El Malecón se transforma cuando llega un frente frío y las olas rompen contra el dique. En momentos así suele estar cerrado a los coches, lo cual significa que se puede caminar por el medio de la calle y acabar totalmente mojado.

Real Fábrica de Tabacos Partagás

FÁBRICA

12 PLANO P. 74, C6

Esta es una de las fábricas de puros más antiguas y famosas de La Habana. Fue fundada en 1845 por el español Jaime Partagás. En el 2013, la fábrica se trasladó de su ubicación original detrás del Capitolio (p. 70) a su emplazamiento actual junto a la calle Padre Varela de Centro Habana. Es la única fábrica de puros de La Habana que ofrece visitas fiables. Hay que comprar las entradas con antelación en el vestíbulo de cualquiera de los hoteles del Parque Central.

Asociación Cultural Yoruba de Cuba

MUSEO

13 PLANO P. 74, G5

Para desentrañar los misterios de la santería, sus santos y sus poderes, hay que visitar este museo y centro cultural. Además de efigies esculpidas de diversas *orishas* (deidades), la asociación organiza ceremonias de tambores los viernes a las 18.00. Más detalles en el tablón de anuncios de la puerta. Hay que respetar el código de vestimenta (ni pantalones cortos ni camisetas sin mangas).

Havana Super Tour

La veterana empresa turística privada **Havana Super Tour** (plano p. 74, E2; campanario63.com) ofrece circuitos en coches clásicos estadounidenses. Los más populares son el circuito de arquitectura *art déco* y el "circuito de la mafia" por los antros mafiosos de antes de la Revolución. Con poco tiempo, la visita completa de un día recorre todos los lugares de interés de la ciudad.

Palacio Velasco EDIFICIO RELEVANTE

14 PLANO P. 74, G2

Este suntuoso edificio, que alberga la embajada española, fue construido en 1912 en estilo modernista. Es la única embajada de esta parte de la ciudad.

Dónde comer

La Guarida INTERNACIONAL $$$

15 PLANO P. 74, D3

¡Solo en La Habana! La entrada al restaurante privado más legendario de la ciudad es como una escena de cine negro de los años cuarenta. Hay una estatua decapitada a los pies de una escalera grandiosa pero destartalada que conduce (entre hileras de ropa secándose) a una puerta de madera, tras la cual se esconden múltiples sorpresas culinarias. (laguarida.com)

San Cristóbal CUBANA $$$

16 PLANO P. 74, E4

Este restaurante ya llevaba años sirviendo buena comida cuando Barack Obama lo visitó en marzo del 2016. Está ubicado en una de las calles más mugrientas de Centro Habana y el interior parece un museo de antigüedades lleno de viejas fotos, pieles de animales y un altar de santería flanqueado con imágenes de Antonio Maceo y José Martí. (7-867-9109)

Real Habana CUBANA $$

17 PLANO P. 74, F3

Restaurante humilde en la zona más de barrio de Centro Habana, con un repertorio semipermanente de cambistas en la puerta. Es el lugar ideal para dejar atrás el circuito turístico del Parque Central y entrar en un mundo de cartas solo en español, comensales 90% locales y clásicos platos criollos a precios accesibles. ¡Ah, y buenos filetes!

Castas y Tal CUBANA $$

18 PLANO P. 74, E2

Este restaurante moderno de estilo bistró de Centro Habana alcanza el equilibrio atrayendo a cubanos (con precios económicos y recetas tradicionales) y a turistas (con toques creativos de fusión). Sirven comida atrevida de alta calidad, como cordero con *masala* o pollo con salsa de naranja, además de clásicos cubanos (como arroz con frijoles). (7-864-2177)

Barbra Restaurante Bar INTERNACIONAL $$

19 PLANO P. 74, C4

Este restaurante y bar le da un toque de Miami único a las calles desgastadas de Centro Habana. Se trata de un establecimiento privado muy ambicioso que deja una viva impresión a sus clientes con sus copas pulidas, su servicio formal y el piano de cola en un interior amplio y lustroso. La comida cubano-italiana encaja perfectamente con el entorno, sobre todo si se opta por el solomillo de ternera a la pimienta o por el cebiche. (7-878-1699)

Casa Miglis SUECA $$

20 PLANO P. 74, D3

Hay muchas yuxtaposiciones inusuales en este restaurante sueco-cubano escondido en un edificio destrozado tras años de abandono, donde el interior de estilo escandinavo está salpicado de arte vanguardista. La comida es un festival de delicias internacionales que incluye un par de clásicos suecos. (casamiglis.com)

Mimosa ITALIANA $$

21 PLANO P. 74, D5

Restaurante muy elogiado del barrio chino especializado en... *¡pizza!* Suele haber colas que esperan las raciones enormes

San Cristóbal.

de *pizza* muy cubana (muy cargada, con mucho jamón y no mucha corteza). También han perfeccionado numerosos otros platos, entre ellos ricos postres y croquetas. Los precios son razonables y tiene un bullicioso ambiente de barrio.

Los Nardos

ESPAÑOLA **$$**

22 PLANO P. 74, G4

Pertenece a una de las varias sociedades españolas de beneficencia de La Habana (en este caso, la asturiana). Desde fuera es como cualquier otro edificio maltrecho de viviendas, pero por dentro parece un club de caballeros, a base de madera oscura y luz tenue. Es famoso por su comida cubana-española a buen precio, servida con rapidez. Los platos de paella, pollo y cerdo no pasan de los 5 US$. ¡Incluso la langosta es barata! (7-863-2985)

Restaurante Tien-Tan

CHINA **$$**

23 PLANO P. 74, E4

Este es uno de los pocos restaurantes chinos auténticos del barrio chino (p. 73). El Tien-Tan (templo del cielo) está regentado por una pareja chino-cubana y sirve la increíble cantidad de 130 platos. Hay que probar el *chop suey* con verduras o el pollo con anacardos. Tienen mesas fuera, en la animada calle Cuchillo, un estrecho callejón peatonal lleno de restaurantes baratos. (7-863-2081)

Café Arcángel (p. 84).

BLOOMBERG/GETTY IMAGES ©

Dónde beber

Michifú

BAR

24 PLANO P. 74, D3

Un elegante bar con piano adornado con lámparas *pop-art* y sofás coloridos para tomar cócteles a base de ron mientras los prodigios musicales locales practican melodías de Chaikovski. El ambiente sosegado es un aperitivo ideal para cenar en instituciones culinarias cercanas como La Guarida (p. 80) o San Cristóbal (p. 80).

El Bleco

BAR

25 PLANO P. 74, B2

Desde que abrió las puertas en el 2022, El Bleco se ha establecido como una de las coctelerías más estilosas de La Habana. En la terraza descubierta con vistas al mar, los DJ pinchan música *ambient* mientras los camareros sirven bebidas, una *pizza* de la que se habla mucho y de postre una *focaccia* con Nutella única. De moda, pero caro.

Siá Kará Café

BAR

26 PLANO P. 74, F4

En La Habana no hay Starbucks y cada cafetería es individual. Esta demuestra su personalidad con mesas cubiertas de grafitis, una vieja colección de corbatas y una parodia de la *Mona Lisa* haciendo una peineta. Aunque aparentemente es un bar-cafetería, sirve de todo, desde langosta de Varadero a sándwiches de pollo. Los bancos acolchados bajo la escalera son perfectos para empezar una gran novela. (7-867-4084)

Malecón 663

Aunque el viajero no se aloje aquí, vale la pena visitar este hotel-*boutique* francocubano (plano p. 74, D2; malecon663.com) del Malecón, mezcla de arte, reciclaje, confort y sofisticación.

Los no huéspedes pueden disfrutar de la cafetería de la planta baja, decorada con arte de reciclaje, y de la terraza en la azotea, donde se preparan buenos mojitos a partir de las 18.00; también hay un *jacuzzi* (solo huéspedes). En la planta baja, una tienda muy sofisticada vende accesorios de moda únicos de fabricación local.

Blanco 9

BAR

27 PLANO P. 74, F2

Este bar diminuto en una calle estrecha junto al Malecón resulta difícil de ver durante el día, pero imposible de pasar por alto los fines de semana por la noche, cuando hay ambiente y se celebran fiestas callejeras al ritmo de música electrónica. Para fundirse con la multitud entre luces de colores, DJ-animadores y bailarines sobre zancos.

El auge de los grafiteros

En Cuba el arte siempre ha sido una de las formas más eficientes de crítica social. Las obras sutiles de los artistas cubanos suelen llevar mensajes ocultos o dobles sentidos, y pueden transmitir una profunda carga política. Aunque la férrea censura se ha relajado desde la década de 1980, los artistas aún han de ir con cuidado con la forma de comunicar sus ideas. Los grandes proyectos de arte urbano que atraen a los turistas, como Fusterlandia, suelen tolerarse; no así los ataques directos al Gobierno.

Los grafitis no autorizados son un fenómeno relativamente nuevo, que no hubiera sido posible hace 15 años. Uno de los grafiteros más atrevidos y visibles de la ciudad responde al apodo de 2+2=5. El nombre en sí es subversivo, ya que hace referencia a un eslogan de la novela *1984* de George Orwell a través del cual el Estado de partido único legitima un falso dogma. Desde el 2016, 2+2=5 ha utilizado un personaje caricaturesco enmascarado, Supermalo, para tratar temas de actualidad. Supermalo aparece por toda La Habana, en lugares como el creciente Distrito de Arte de San Isidro o en viviendas en ruinas del Malecón. A menudo se le unen obras de otros grafiteros, como Yulier P, conocido por sus rostros humanos contorsionados, y el cubano-estadounidense Abstrk, cuya magnífica Green Girl adorna una pared de San Isidro.

Orígenes

CAFETERÍA

28 PLANO P. 74, G1

Lo mejor del gigantesco hotel de cinco estrellas que hay en la esquina del paseo del Prado con el Malecón tal vez sea el estrecho bar Orígenes, donde se puede tomar un café con pastas salidas de una vitrina artísticamente diseñada mientras las olas azotan la orilla. (royaltonresorts.com/resorts/habana)

Café Arcángel

CAFETERÍA

29 PLANO P. 74, F3

Café excelente, buenos cruasanes, música agradable (sin reguetón) y películas de Charlie Chaplin reproducidas en bucle en un apartamento desvencijado de Centro Habana. ¿Qué más se puede pedir? (cafearcangel.com)

Sloppy Joe's

BAR

30 PLANO P. 74, G3

Este bar fue inaugurado en 1919 por un joven inmigrante español llamado José García (alias Joe). Era legendario entre los expatriados antes de la Revolución y cerró en los sesenta tras un incendio, pero se reencarnó en el 2013 tras la misma fachada neoclásica. Sigue sirviendo cócteles decentes y bocadillos. (7-866-7157)

Plan H
BAR DE VINOS

31 PLANO P. 74, G3

Una novedad en Cuba. Esta enoteca pionera fue fundada en el 2023 por Ada Dimbath, una cubana que pasó muchos años viviendo en Alemania. Dispone de una amplia bodega con vinos seleccionados con cuidado, desde chardonnays chilenos a cabernet sauvignons españoles, que se pueden comprar o degustar en su elegante vinoteca del Prado. Hay una pequeña tienda de *delicatessen* con jamón, queso y otros productos de lujo. (enotecahabana.com)

Café El Louvre
CAFETERÍA

La animada cafetería del **Hotel Inglaterra** (véase 5 plano p. 74, G3) es un bar con terraza donde se sirven mojitos y cubalibres antes del mediodía. Es el lugar perfecto para observar la vida del Parque Central (p. 78) escuchando las bandas que tocan aquí cada día. ()

Ocio

Rumba en el callejón de Hamel
MÚSICA EN DIRECTO

32 PLANO P. 74, B3

Además de sus atractivos murales y de las tiendas de arte psicodélico, el principal motivo para visitar este callejón (p. 76), verdadero templo de la cultura afrocubana de La Habana, es escuchar la rumba frenética que se desata los domingos a partir del mediodía.

Gran Teatro de La Habana Alicia Alonso
TEATRO

Este fabuloso teatro (véase 1 plano p. 74, G4) fue objeto de una profunda remodelación a finales de la década del 2010 y sigue ofreciendo lo mejor de la danza y la música cubanas. Su especialidad es el *ballet* (es la sede del Ballet Nacional de Cuba), pero también programa musicales, obras de teatro y ópera. En el tablón de anuncios se anuncian los próximos eventos. (balletcuba.cult.cu)

Casa de la Música
MÚSICA EN DIRECTO

33 PLANO P. 74, F3

Hay dos establecimientos así en la ciudad. En este lugar legendario se reúnen cubanos y turistas que no quieren ser tratados como turistas para escuchar música y bailar. Aquí tocan los grandes nombres, desde Bamboleo a Los Van Van, y todo a precios bajísimos.

Teatro América
TEATRO

34 PLANO P. 74, E3

Este teatro ubicado en un rascacielos clásico de estilo *art déco* parece haber cambiado poco desde su apogeo teatral en los años treinta y cuarenta. Alberga espectáculos de variedades, comedia, danza, *jazz* y salsa. Los espectáculos suelen ser los sábados a las 20.30 y los domingos a las 17.00.

El Guajirito

MÚSICA EN DIRECTO

35 PLANO P. 74, H5

Algunos lo consideran una turistada, pero este restaurante y sala de conciertos en la planta superior de un edificio aparentemente destartalado ofrece música de lo más profesional. Es una especie de Buena Vista Social Club. (☎7-863-3009)

Sociedad Cultural Rosalía de Castro

MÚSICA EN DIRECTO

36 PLANO P. 74, G5

Una alternativa ligeramente más barata al cercano Guajirito. Hay espectáculos cada noche que no se apartan mucho del repertorio clásico del Buena Vista Social Club. Se pueden comprar las entradas con o sin cena. Es mejor saltarse la comida. (☎5-270-5271)

Cine Infanta

CINE

37 PLANO P. 74, A4

Un cine multisalas que es lujoso por los estándares cubanos. Cobra protagonismo durante el **Festival Internacional de Cine,** en diciembre (p. 15).

Teatro Martí

TEATRO

38 PLANO P. 74, G4

Esta joya neoclásica es una obra maestra de la restauración: tras 40 años de abandono, reabrió sus puertas en el 2014 con nuevo aire acondicionado y equipo de sonido, un foso de orquesta, intrincados trabajos en madera y hierro, así

Museo de la Revolución.

ITZAVU/SHUTTERSTOCK ©

Museo de la Revolución

El antiguo Palacio Presidencial de Cuba, ocupado por primera vez en 1920 por el tercer presidente del país, Mario Menocal, alberga un amplio **museo** (plano p. 74, G2) que ofrece un recorrido completo por el pasado de Cuba (muy propagandista), centrado sobre todo en el período posterior a 1959.

El palacio es una obra maestra ecléctica, con un interior amueblado por Tiffany's de Nueva York. Cuando estuvimos allí, estaba siendo sometido a una renovación interminable y solo estaba abierto el Pabellón Granma (exterior). La zona al aire libre expone una réplica del yate que transportó a Castro y a otros 81 revolucionarios de México a Cuba en 1956, junto con otros vehículos relacionados con la Revolución: aviones, cohetes y una furgoneta de correos utilizada como vehículo de huida durante un atentado en 1957.

como una cafetería adyacente y un cuidado jardín alrededor. (teatromarti@patrimonio.ohc.cu)

De compras

Librería Memorias LIBROS

39 PLANO P. 74, G3

Esta fue la primera librería anticuaria genuina de la ciudad (aunque ahora hay más) y está llena de artefactos preciosos escondidos. Explorando sus montones se pueden encontrar maravillosas piezas de colección, como monedas antiguas, postales, carteles, revistas y carteles *art déco* de los años treinta. Hay verdaderos tesoros invaluables. (☎7-862-3153)

Plaza Carlos III CENTRO COMERCIAL

40 PLANO P. 74, B5

Después de plaza América en Varadero, probablemente este sea el centro comercial más llamativo de Cuba, y apenas se ven turistas. El lugar ha dado un paso adelante en los últimos años: las estanterías (antes vacías) están ahora al menos medio llenas de bienes de consumo. Para ver algo con un toque cubano único, se recomienda ir a la chocolatería **Baracoa.**

Casa Guerlain PERFUMES

41 PLANO P. 74, G2

Una idea interesante. Esta exclusiva perfumería reabrió en el mismo local que la tienda original de 1917 y vende perfumes y cosméticos de alta gama.

Explorar
El Vedado

Este barrio amplio y esplendoroso estuvo dominado en su día por la mafia. Durante los 50 años de coqueteo de Cuba con EE UU, fue el corazón empresarial de la ciudad. Y lo sigue siendo en muchos sentidos, pero ahora la vida nocturna es menos sórdida, los casinos de antaño son discotecas, y los hoteles, reliquias históricas y paraísos del lujo. Junto a los rascacielos hay un barrio residencial arbolado.

Lo esencial

- ***Necrópolis Cristóbal Colón (p. 90)*** *Caminar por el cementerio más suntuoso de Latinoamérica.*
- ***Hotel Nacional (p. 92)*** *Tomar cócteles cubanos al atardecer en la terraza de un hotel emblemático.*
- ***Plaza de la Revolución (p. 99)*** *Empaparse de grandilocuencia en la plaza de los héroes de Cuba.*
- ***Fábrica de Arte Cubano (p. 106)*** *El arte del pueblo, por el pueblo y para el pueblo.*
- ***Club de 'jazz' La Zorra y el Cuervo (p. 109)*** *Un local legendario de la vida nocturna de La Habana.*

Cómo llegar y desplazarse

El Vedado es muy accesible desde otros puntos de La Habana y muchos autobuses metropolitanos (con el prefijo P) llegan a este barrio. El servicio Habana Bus Tour T1 para en la plaza de la Revolución, el Hotel Riviera y la necrópolis Cristóbal Colón.

Hay paradas de taxis delante de los principales hoteles, como el Hotel Nacional o el Hotel Habana Libre.

Plano de la zona en p. 96.

Hotel Nacional (p. 92). JOEL VILLANUEVA/GETTY IMAGES ©

Las mejores experiencias

Caminar por las calles de la necrópolis Cristóbal Colón

El gigantesco cementerio de La Habana es el más sofisticado de las Américas y es célebre por su llamativa iconografía religiosa y sus elaboradas estatuas de mármol. Lejos de ser espeluznante, un paseo por estas 57 Ha puede ser un recorrido educativo y emotivo por los anales de la historia cubana. En la entrada hay un mapa detallado.

PLANO P. 96, C6

Información esencial

Se acabó de construir en 1871 siguiendo los diseños del arquitecto español Calixto de Loira. Es uno de los cementerios más grandes del país, con más de 450 mausoleos y 800 000 tumbas. Cada año lo visitan 1,5 millones de personas y cada día se entierran a unas 50. Está dispuesto en una cuadrícula perfecta y las personalidades más destacadas están enterradas en las avenidas principales.

Puerta de la Paz

La entrada principal es la puerta de la Paz, dominada por un espléndido arco triple neobizantino-neorománico rematado por una estatua de Nuestra Señora de la Merced, esculpida en 1904 por el cubano José Vilalta Saavedra.

Capilla central

La capilla central (1886) es una insólita construcción octogonal neorrománica en el centro exacto del cementerio. Se dice que sigue el modelo del Duomo de Florencia. Raro es el día en que no se ve al menos un solemne cortejo fúnebre saliendo de su interior.

La Milagrosa

Al noreste de la capilla central está la tumba más célebre del cementerio, la de Amelia Goyri, más conocida como la Milagrosa, que murió dando a luz en 1901. Cuando los cuerpos fueron exhumados unos años más tarde, el cuerpo de Amelia estaba intacto, y el bebé (que había sido enterrado a los pies de su madre) supuestamente fue encontrado en sus brazos. La Milagrosa se convirtió en el centro de un enorme culto espiritual en Cuba y miles de personas acuden anualmente con regalos. Siguiendo la tradición, los visitantes llaman a la cripta con la anilla de hierro y al salir se alejan de espaldas.

★ Consejos

- Si hay poco tiempo, es mejor centrarse en los principales puntos de interés, en la avenida Cristóbal Colón, entre la puerta de la Paz y la capilla central.
- En la taquilla se pueden comprar mapas baratos con todas las tumbas importantes.
- El cementerio es especialmente bonito y tranquilo al atardecer.
- Hay visitas guiadas regulares desde la taquilla, cuando hay suficiente gente.

Una pausa

Hay algunas cafeterías y restaurantes básicos enfrente del cementerio, en el cruce de la calle 23 y la calle 12.

Un poco más allá está el moderno **Café Madrigal;** vale la pena ir hasta allí.

Las mejores experiencias

Tomarse un mojito en el Hotel Nacional

El Nacional, más que un mero hotel, es un verdadero monumento nacional. Fue construido en 1930 como una copia del Breakers Hotel de Palm Beach (Florida) y es uno de los emblemas arquitectónicos de La Habana. Vale la pena pasarse a tomar algo en el famoso bar con terraza con vistas al Malecón.

PLANO P. 96, G1

hotelnacionaldecuba.com

Revuelta de los sargentos

El hotel se hizo famoso en octubre de 1933, tras una revuelta de sargentos dirigida por Fulgencio Batista para deponer el régimen de Gerardo Machado. Más de 300 oficiales del ejército se refugiaron en el edificio, esperando ganarse el favor del embajador estadounidense Sumner Welles, que se alojaba allí. Este se marchó de inmediato, lo cual permitió a las tropas de Batista abrir fuego contra el hotel, matando a 14 oficiales e hiriendo a siete. Otros fueron ejecutados más tarde, después de haberse rendido.

Conferencia de La Habana

En diciembre de 1946 el hotel se hizo famoso por otros motivos, cuando los gánsteres estadounidenses Meyer Lansky y Lucky Luciano lo utilizaron para organizar el mayor encuentro de la historia de la mafia norteamericana. La Cosa Nostra se reunió aquí con el pretexto de un concierto de Frank Sinatra y organizó un encuentro para hablar sobre el liderazgo de Luciano, el crecimiento de los intereses de la mafia en Las Vegas y el potencial del juego a gran escala en Cuba. En 1955, Lansky abriría el casino más lujoso de La Habana en un ala reformada del hotel.

El hotel

El Hotel Nacional es la joya de la hostelería cubana y buque insignia de la cadena gubernamental Gran Caribe. Es una amalgama de neoclásico, *art déco* y otros estilos. El vestíbulo decorado con azulejos tiene un marcado estilo morisco, mientras que sus veteranas habitaciones tienen placas que anuncian a sus ilustres ocupantes. Este hotel imponente también cuenta con dos piscinas, un cuidado césped, un par de restaurantes de lujo y su propio cabaré de primera categoría, el Parisien.

★ Consejos

- Preguntar en recepción por las visitas gratuitas al hotel.
- Echarle un vistazo al salón de la fama del Bay View Bar de la planta baja.
- Una experiencia 100% habanera es tomar un mojito en la terraza del bar con vistas al estrecho de Florida.
- Hay un pequeño museo dedicado a la crisis de los misiles de Cuba de 1962 en una antigua batería militar en el recinto del hotel.

Una pausa

En el hotel hay varios restaurantes. La opción más económica es la **Cafetería Film Corner** (24 h), en la planta baja, que sirve unas hamburguesas estupendas (para ser Cuba) y batidos.

Circuito a pie

El Vedado de noche

Bajo los famosos locales nocturnos de La Habana se esconde un universo paralelo de bares y locales menos promocionados. Para adentrarse en ellos ayuda tener un amigo cubano o una mezcla de suerte y espontaneidad. Hay que preparar el estómago, estar abierto en cuestión de cócteles y tener ganas de disfrutar de un paseo nocturno por el Vedado oculto.

Datos

Inicio Coppelia

Final Café Cantante Mi Habana

Duración 4 km; 3-4 h

❶ Coppelia

A pesar de la afluencia turística de los últimos años, la heladería Coppelia (en pleno Vedado comercial) sigue siendo una institución local. El intrincado sistema de colas puede resultar confuso para un visitante inexperto, pero por unos pesos cubanos recibirá una calurosa bienvenida.

❷ Cine Yara

Seguramente este es el mejor cine de La Habana. Es el destino de muchas citas de parejas locales, además de un buen lugar para ponerse al día en la cultura cinematográfica del país.

❸ Café Teatro Bertolt Brecht

Si se le pregunta a cualquier joven habanero adónde va los miércoles por la noche, es posible que mencione el **Brecht** (☎7-832-9359), donde la gente hace cola para entrar en un teatro íntimo a ver colectivos de música cubana fusionando géneros. Un par de horas de magia melódica.

❹ El Hurón Azul

El Hurón Azul (uneac.org.cu) es la sede de la Unión Nacional de Escritores y Artistas de Cuba (Uneac) y atrae a los literatos locales los sábados por la noche con sus espectáculos de boleros. El viajero puede mezclarse con los talentos precoces en una gran mansión del Vedado entre arquitectura decorativa y plantas, y sin apenas turistas.

❺ Café Madrigal

El Vedado flirtea con la bohemia en este bar frecuentado por gais (p. 91) que parece haber viajado en el tiempo desde el Barrio Latino de París de los días de James Joyce y Ernest Hemingway. Se pide una tapita y un cóctel para tomar en la terraza modernista, donde el murmullo de las conversaciones nocturnas compite con el traqueteo de los viejos coches estadounidenses.

❻ Submarino Amarillo

Nadie sabía gran cosa sobre los *rockeros* cubanos hasta el s. XXI. Los grupos que solían reunirse clandestinamente en la esquina de las calles 23 y G han fundado su propio local, el Submarino Amarillo, un bar y sala de conciertos con un interior vistoso dedicado a los Beatles, pero donde suena cualquier cosa al compás 4/4.

❼ Café Cantante Mi Habana

El Café Cantante Mi Habana (☎7-879-0710) es conocido como el mejor lugar nocturno para conocer a cubanos estilosos. Este local de música en directo y baile situado en el Teatro Nacional, concurrido pero "abierto", es conocido por sus fiestas LGTBIQ+.

Reseñas en:
Las mejores experiencias p. 90
Puntos de interés p. 98
Dónde comer p. 102
Dónde beber p. 107
Ocio p. 109
De compras p. 111
0 500 m
Estrecho de Florida
Malecón
Calzada
Línea
Paseo
Centro Fidel Castro Ruz
Parque Lennon
Ruta Bikes
Fábrica de Arte Cubano
El Cimarrón
Río Almendares
Calz de Zapata
Necrópolis Cristóbal Colón
San Antonio Chiquito
C Loma

10 Embajada de EE UU
12 Edificio López Serrano
Monumento a las víctimas del Maine 7
11 Edificio Focsa
Hotel Nacional 38
5 Avenida de los Presidentes
6 Hotel Habana Libre
3 Museo de Artes Decorativas
Universidad de La Habana 9
Museo Napoleónico 1
Quinta de los Molinos 8
Ministerio del Interior
Plaza de la Revolución
Monumento a José Martí
Aeropuerto internacional José Martí (16km)
Malecón (Av de Maceo)
Calzada
Línea
C 23 (La Rampa)
CG (Av de los Presidentes)
Calz de la Infanta
Av Salvador Allende
Calz de Zapata
Av Universidad
Av de Carlos de Manuel Céspedes
Av de la Independencia
C 19 de Mayo
Aranguren
Arroyo (Av Manglar)
Calz de Ayestarán
Av 20 de Mayo
Almendares
Pozos Dulces
Bruzón
Sitios
Desagüe
Hospital
Príncipe
Espada
San Lázaro
Concordia
Neptuno
San Francisco
San Miguel
San Rafael
San Martín
Grados
Paseo
Protestantes
E F G H
1 2 3 4 5 6

Puntos de interés

Museo Napoleónico

MUSEO

1 PLANO P. 96, G3

Sin duda este es uno de los mejores museos de La Habana y de Cuba. Es una colección magníficamente presentada de 7000 objetos relacionados con la vida de Napoleón Bonaparte, recopilada por el magnate cubano del azúcar Julio Lobo y el político Orestes Ferrara.

Centro Fidel Castro Ruz

CENTRO CULTURAL

2 PLANO P. 96, C3

Este soberbio museo y centro cultural es propagandista, y con orgullo. Se encuentra en una magnífica mansión ecléctica de la avenida Paseo y ofrece una visión enciclopédica de la vida y la época del hombre que desató la Revolución cubana. Aquí no se trata de objetividad. Es un homenaje no crítico a Fidel, bellamente distribuido en dos plantas, además de un jardín y varios edificios asociados. (centrofidel.cu)

Museo de Artes Decorativas

MUSEO

3 PLANO P. 96, E3

Este es uno de los mejores museos de La Habana, deslumbrante como una mansión europea. Está lleno de todo tipo de elementos arquitectónicos, como muebles rococós, biombos chinos y un baño *art déco*. El edificio en sí es igual de interesante; es de diseño francés y fue encargado en 1924

Monumento a José Miguel Gómez.

NADEZDA MURMAKOVA/SHUTTERSTOCK ©

Plaza de la Revolución

La gigantesca plaza de la Revolución, concebida por el urbanita francés Jean-Claude Forestier en la década de 1920, formaba parte de la "ciudad nueva" de La Habana, que creció entre 1920 y 1959. Está rodeada de edificios grises y utilitarios de finales de los cincuenta. Es la sede del Gobierno cubano, y aquí se celebran mítines políticos a gran escala.

El feo bloque de hormigón del lado norte de la plaza es el **Ministerio del Interior** (plano p. 96, F5), conocido por el enorme mural del Che Guevara con las palabras "Hasta la victoria siempre".

En medio de la plaza está el **monumento a José Martí** (plano p. 96, F6), que con sus 138,5 m era la construcción más alta de La Habana hasta que en el 2022 se construyó la torre K23.

por la acaudalada familia Gómez, que construyó el centro comercial Manzana de Gómez en Centro Habana.

Parque Lennon PARQUE

4 PLANO P. 96, C4

Si el viajero prefiere John Lennon a Vladímir Lenin (estas dos personalidades del s. XX tienen un parque en La Habana), debe visitar esta pequeña plaza verde del Vedado, presidida por una estatua hiperrealista de Lennon, inaugurada por Fidel Castro en el vigésimo aniversario de la muerte del Beatle.

Avenida de los Presidentes MONUMENTO

5 PLANO P. 96, E2

Varias estatuas de líderes latinoamericanos ilustres decoran la parisina calle G (conocida oficialmente como av. de los Presidentes), incluidos Salvador Allende (Chile), Benito Juárez (México) y Simón Bolívar. Presidiendo la avenida está el enorme **monumento a José Miguel Gómez,** segundo presidente de Cuba. En el otro extremo estaba el monumento a su predecesor, Tomás Estrada Palma (considerado una marioneta de EE UU); la estatua fue derribada y solo quedan sus zapatos en el pedestal original.

Hotel Habana Libre EDIFICIO

6 PLANO P. 96, G2

Este hotel imponente (el antiguo Havana Hilton) fue requisado por los revolucionarios de Fidel Castro en 1959, justo nueve meses después su inauguración, y se le cambió el nombre a Habana Libre. Durante los primeros meses de la Revolución, Castro dirigía el país desde una lujosa suite de la planta 24ª. (melia.com/en/hotels/cuba/havana/tryp-habana-libre)

Monumento a las víctimas del Maine MONUMENTO

7 PLANO P. 96, G1

Al oeste del Hotel Nacional (p. 92) hay un monumento (1926) a los 266 marines estadounidenses que murieron cuando el acorazado USS *Maine* estalló misteriosamente en el puerto de La Habana en 1898. El águila que lo coronaba fue decapitada poco después de la Revolución de 1959. A pesar de los rumores, su sustitución por una paloma esculpida por Pablo Picasso nunca llegó a producirse.

Quinta de los Molinos JARDINES

8 PLANO P. 96, G4

Esta majestuosa casa de campo se encuentra en un parque frondoso que se gestiona como jardín botánico desde 1839. Fue la antigua residencia de Máximo Gómez, general de la Guerra de la Independencia (1895-1898). La casa principal abrió como museo en el 2022 y se centra principalmente en las hazañas de Gómez en la guerra.

Universidad de La Habana UNIVERSIDAD

9 PLANO P. 96, G3

Esta universidad fue fundada por los dominicos en 1728 y secularizada en 1842. Empezó su andadura en La Habana Vieja y en 1902 se trasladó a su emplazamiento actual. El complejo neoclásico existente data del segundo cuarto del s. XX y actualmente unos 30 000 estudiantes cursan aquí estudios de Ciencias Sociales, Humanidades, Ciencias Naturales, Matemáticas y Economía. (www.uh.cu/home)

Embajada de Estados Unidos EDIFICIO

10 PLANO P. 96, F1

Este moderno edificio de siete plantas del Malecón alberga la que tal vez sea la embajada estadounidense más famosa del mundo. Se creó en 1953, pero cerró abruptamente en 1961 cuando EE UU y Cuba cortaron las relaciones diplomáticas. Reabrió en 1977 como Sección de Intereses de los Estados Unidos, por obra de la administración Carter y en julio del 2015 se convirtió en embajada gracias al deshielo político instigado por la administración Obama. (cu.usembassy.gov)

Edificio Focsa LUGAR RELEVANTE

11 PLANO P. 96, G1

Este moderno edificio que domina el perfil urbano de La Habana fue construido entre 1954 y 1956 en un tiempo récord de 28 meses, utilizando tecnología informática pionera. En 1999 se incluyó en la lista de las siete maravillas de la ingeniería moderna de Cuba. Con 39 plantas y 373 viviendas, fue la segunda mayor estructura de hormigón de su tipo en el mundo, construida íntegramente sin grúas.

La importancia de José Martí

"Dos patrias tengo yo: Cuba y la noche", escribió en 1882 el poeta, periodista, filósofo y hombre renacentista José Martí, resumiendo a la perfección las dicotomías de la Cuba de finales del s. XIX, que siguen hoy igual de vigentes.

Irónicamente, quien fuera el cerebro de la II Guerra de Independencia de Cuba sigue siendo la figura que une a los cubanos de todo el mundo. Una potente fuerza unificadora en un país dividido por la política, la economía y 145 km de océano.

Martí nació en La Habana en 1853 y pasó más de la mitad de su vida fuera de su país, en exilios esporádicos entre España, Guatemala, Venezuela y Estados Unidos. Pero su ausencia apenas importó. La importancia de Martí residía en sus palabras y sus ideas. Analista político consumado y maestro de aforismos, en muchos sentidos fue responsable de la formación de la identidad cubana moderna y de su sueño de autodeterminación. Es difícil encontrar a un cubano que no pueda citar elocuentemente estrofas de su poesía. Asimismo, apenas hay una ciudad o pueblo en todo el país que no tenga una estatua o una plaza en su honor. El homenaje se extiende a la comunidad de exiliados en EE UU, donde los cubanos han bautizado con su nombre una emisora de radio. Martí es venerado en toda Sudamérica y Centroamérica, donde a menudo se le considera el sucesor ideológico de Simón Bolívar.

Un conocimiento básico de Martí y de su influencia es crucial para entender la Cuba contemporánea. La Habana, su ciudad natal, está llena de monumentos conmovedores, pero hay otros lugares importantes. Estos son los más destacados:

- **Monumento a José Martí** (p. 99) Esta gigantesca torre (la segunda más alta de La Habana) tiene una enorme estatua del maestro a sus pies y un completo museo en su interior.
- **Museo Casa Natal de José Martí** (p. 48) Casa natal del héroe nacional, modesta pero muy bien organizada.

Edificio López Serrano

LUGAR RELEVANTE

12 PLANO P. 96, F1

Detrás de la embajada estadounidense se esconde esta torre *art déco*, que parece el Empire State Building pero quitándole las 70 plantas inferiores. Se construyó en 1932 y fue uno de los primeros 'rascacielos' de La Habana. Ahora alberga viviendas.

AMANUALEWIS/GETTY IMAGES ©

Universidad de La Habana (p. 100).

Ruta Bikes

BICICLETA

13 PLANO P. 96, B4

Esta fue la primera empresa fiable de alquiler de bicicletas y de organización de circuitos por La Habana cuando empezó, en el 2013. Sus rutas son muy populares, en particular el itinerario clásico de 3 h por la ciudad, que incluye el bosque de La Habana, la plaza Vieja, la plaza de la Revolución y el Malecón. Hay que reservar por teléfono o correo electrónico con al menos un día de antelación. Los niños son bienvenidos. (rutabikes.com;)

Dónde comer

Fangio Habana

INTERNACIONAL $$$

14 PLANO P. 96, D4

Este restaurante del selecto Hotel Claxon, en una bonita mansión de la avenida Paseo, tiene decoración de temática automovilística y está dedicado al piloto de carreras argentino Juan Fangio. Los comedores (incluido jardín, patio y azotea) son de los más románticos de La Habana. La comida es de lo mejor de la fusión cubano-internacional. (claxonhotel.com)

El Cocinero

INTERNACIONAL $$$

15 PLANO P. 96, A5

Este restaurante se encuentra bajo la icónica chimenea de la

Fábrica de Arte Cubano (p. 106) y sirve algunos de los platos más creativos del país en un comedor *gourmet* o en una terraza informal sobre los tejados del Vedado. Sus platos internacionales (cordero al curri, conejo, pato confitado) son un atractivo aperitivo para el mejor espacio de espectáculos de La Habana, que está justo al lado. (elcocinerocuba.com)

Café Laurent INTERNACIONAL **$$**

16 PLANO P. 96, G2

Emplazado en la 5ª planta de un feo bloque de apartamentos de los años cincuenta junto al edificio Focsa (p. 100) se esconde este sofisticado restaurante de alta cocina, con vistas al Vedado residencial. Manteles blancos almidonados, copas pulidas y cortinas de encaje decoran el interior moderno y luminoso. La carta cubano-española incluye platos como *risotto* de marisco o cerdo salteado con frutos secos y vino tinto, artísticamente presentados. (☎7-832-6890)

Casa Mia Paladar CUBANA **$$**

17 PLANO P. 96, C1

En lugar de deslumbrar con una decoración extravagante, este restaurante de líneas limpias junto al Malecón reserva sus sorpresas para la comida: una carta sencilla que se basa en los fundamentos clásicos de la cocina cubana. A destacar el cerdo al estilo de Pinar del Río (dicen que es la cumbre del cerdo cubano). (❄)

El Biky CAFETERÍA **$**

18 PLANO P. 96, H3

Al relajarse las restricciones económicas a principios de la década del 2010, El Biky llegó como un soplo de aire fresco. Ayudó a reinventar la oferta creciente de locales de *brunch* y almuerzos con su comida rápida y asequible, servida en un restaurante-cafetería moderno decorado con fotos retro pre-Revolución. Tuvo tanto éxito que se ha transformado en un "complejo gastronómico", con un bar de moda y la mejor panadería de La Habana. (elbiky.com)

Ela y Paleta HELADO **$**

19 PLANO P. 96, D2

Popularísima heladería con un amplio horario de apertura, siempre lleno de jóvenes cubanos disfrutando de generosas bolas de helado. Incluso lo enrollan al estilo tailandés, aunque sin duda lo mejor son las paletas de dulce de leche. Hay que buscar el edificio rosa en una calle monótona del Vedado.

Atelier CUBANA **$$$**

20 PLANO P. 96, C2

Lo que llama la atención a primera vista son los enormes cuadros de temática religiosa que decoran las paredes. Igual de llamativo es el antiguo artesonado que parece que venga de una iglesia mudéjar. Junto con la terraza de terracota, todo el lugar desprende elegancia clásica. Sirven comida cubana con influencias francesas, con una carta que cambia con frecuencia. (7-836-2025)

Decamerón

INTERNACIONAL $$$

21 PLANO P. 96, C3

Anodino por fuera pero mucho más bonito por dentro, sobre todo gracias a su famosa colección de relojes antiguos. El Decamerón es un paladar (restaurante privado) que siempre ha sido bueno, sigue siendo bueno y probablemente siempre lo será. La comida es cubana con toques internacionales. La sabrosa tarta de atún, el *risotto* y el pez espada tienen mucho éxito. ()

Café Ecléctico

ITALIANA $$

22 PLANO P. 96, C3

Este restaurante afiliado a un hotel-*boutique* de la avenida Paseo ocupa una mansión de tres plantas de la década de 1930 reformada. El interior es luminoso y elegante, muy turquesa, y dominan los espejos, el cristal y las lámparas de araña. Sirven comida italiana con algunos toques cubanos. Un lugar de ensueño para desayunar. (paseo206.com/restaurant)

La Chuchería

ESTADOUNIDENSE $

23 PLANO P. 96, C2

Este elegante bar deportivo del Malecón parece haber cruzado el estrecho desde Florida. Lo que es algo habitual en Miami sigue siendo relativamente exótico en La Ha-

El Cocinero (p. 102).

HEMIS/ALAMY STOCK PHOTO ©

Restaurantes de la granja a la mesa

- **El Cimarrón** (plano p. 96, C5;) Restaurante familiar y proyecto social, con clases de cocina y conciertos por la noche. El nombre hace referencia a los esclavos fugitivos. Es un local muy variado que triunfa a todos los niveles. El arte, los muebles de bambú y los instrumentos de percusión tienen un marcado aire afrocubano, mientras que la comida es firmemente criolla, con buenas opciones vegetarianas.

- **Grados** (plano p. 96, E3) Un restaurante pequeño pero pionero ubicado en una casa familiar del Vedado, donde la carta nunca es la misma y el entusiasta chef-propietario Raulito Bazuk hace pequeños milagros con lo que hay disponible. Hoy, ocra; mañana, crema de maíz; pasado mañana, ¿quién sabe? Hay una fuerte conexión con las granjas locales y los ingredientes cubanos.

bana, como atestiguan las mesas llenas de cubanos disfrutando de frondosas ensaladas, sándwiches y estupendos batidos helados.

Blue Moon INTERNACIONAL $$

24 PLANO P. 96, D1

Antiguamente conocido como Ópera, pero rebautizado tras la pandemia como Blue Moon (con los mismos propietarios). Este restaurante ocupa una villa con columnas, con arte atractivo y música de ópera. La comida es igual de espectacular, y adopta los principios del *slow food,* con ñoquis caseros rellenos de yuca y conejo cocinado en cerveza Bucanero. ()

Cafetería Pilón CAFETERÍA $

25 PLANO P. 96, G2

En su día, los postres escaseaban en La Habana, pero han llegado refuerzos gracias a cafeterías como esta, que están encantadas de llenar los incómodos huecos gastronómicos con *brunchs,* helados todo el día y la importantísima merienda. (5-323-2552)

Topoly IRANÍ $

26 PLANO P. 96, E3

Este es el primer y único restaurante iraní de La Habana. Se encuentra en una mansión preciosa de la céntrica calle 23. Es ideal para sentarse en el porche bajo estampas icónicas de Gandhi, José Martí y el Che Guevara, y disfrutar de puré de berenjena, brochetas de cordero, un café fantástico o un té servido en una tetera de plata. (7-832-3224)

Toke Infanta y 25 HAMBURGUESAS $

27 PLANO P. 96, H2

Sencilla cafetería escondida entre los edificios desgastados de la calzada de la Infanta, en la

Fábrica de Arte Cubano

Ojalá todas las ciudades tuvieran un espacio cultural tan variado, inclusivo y revolucionario como esta **Fábrica de Arte** (plano p. 96, A5;), creada en el 2014 por el músico de fusión cubana X-Alfonso. Es una galería, sala de música en directo y lugar de encuentro para todo aquel que pueda permitirse el módico precio de entrada. En su interior cavernoso de estilo Bauhaus se celebran fascinantes *happenings*.

El repertorio es tan flexible como creativo. Hay de todo, desde violonchelistas clásicos a raperos cubanos, pasando por diseñadores de camisetas que venden sus últimas creaciones.

frontera entre el Vedado y Centro Habana. Sirven hamburguesas a precios económicos, café fuerte y *brownies* de chocolate a toda hora del día o de la noche. Se ha dado a conocer como lugar abiertamente gay debido a su ubicación junto a un par de clubes nocturnos.

Razones y Motivos

CUBANA **$**

28 PLANO P. 96, D1

Restaurante en dos partes: una terraza abierta en la planta de arriba (Motivos), con barbacoa y una carta internacional sencilla, y un espacio con aire acondicionado en la planta de abajo (Razones), donde se sirve comida de más categoría, como filetes. Ninguno de los dos es especialmente lujoso y los precios razonables atraen a una clientela principalmente cubana. Los chefs hacen cosas interesantes con la langosta, aromatizándola con salsa de piña o extracto de café. (7-832-8732)

La Cocina de Esteban

INTERNACIONAL **$$**

29 PLANO P. 96, G2

Una explosión de cocina cubana, italiana y española en un restaurante saludable en plena zona hotelera del Vedado. Sirven buenos *risottos*, pastas y langosta a la brasa. Se encuentra en una mansión con mesas dentro y en el jardín, con una buena interpretación de *Los borrachos* de Velázquez en la pared. (7-832-9649)

Restaurante Habana Blues

CUBANA **$$**

30 PLANO P. 96, F2

El interior oscuro y acogedor está iluminado por un fabuloso mural en 3D del castillo del Morro (p. 61) y los camareros son todos actores de la televisión cubana (con sus caricaturas en el vestíbulo de entrada). Las primeras impresiones son buenas en este exclusivo restaurante, popular entre cubanos deseosos de disfrutar de platos económicos de gambas picantes y costillas caramelizadas. (7-835-6545)

Ama

CAFETERÍA $

31 PLANO P. 96, F2

Una pequeña y agradable cafetería cerca del Hotel Nacional, que hace todo lo posible por atender a vegetarianos, veganos o cualquier otra preferencia alimentaria particular. Los batidos, ensaladas, gofres y creps merecen una mención de honor. Hay mesas en un porche o dentro, donde también hay una pequeña tienda de productos caseros y artesanía. ()

Camino al Sol

VEGETARIANA $

32 PLANO P. 96, B2

Hace una década, Cuba y el vegetarianismo eran igual de compatibles que Ronald Reagan y Leonid Brézhnev (o sea, no mucho), pero los gustos han evolucionado y los tiempos han cambiado. Este restaurante totalmente sin carne, que sigue siendo una rareza en La Habana, elabora imaginativas quiches, sopas, tartas y pasta casera, todo ello expuesto en la entrada. ()

Dónde beber

Piano Bar Delirio Habanero

CLUB

Este club (véase 40 plano p. 96, F5), en el Teatro Nacional de Cuba (p. 110), a veces es sereno y a veces frenético. Aquí se pueden ver desde jóvenes raperos a improvisaciones de *jazz*. El bar de tonos rojizos y la sala de conciertos tienen una cristalera con vistas a la plaza de la Revolución. Es impresionante por la noche, con el monumento a José Martí (p. 99)

Fábrica de Arte Cubano.

y el bonito mural del Che Guevara iluminados. (☎7-878-4275)

Bar-Restaurante 1830

CLUB

33 PLANO P. 96, A4

Si el viajero quiere bailar salsa, este es el lugar. Después del concierto del domingo por la noche, todo el mundo salta a la pista de baile. Está en el extremo oeste del Malecón, con una terraza que da al mar. La comida es prescindible.

Pazillo Bar

BAR

34 PLANO P. 96, B3

El nombre no le hace justicia a este local de moda, que ha dado una segunda vida a una bonita villa del Vedado. Es un elegante pasadizo con un bar (más que un pasillo), un salón con neones y una zona al aire libre. Suele haber *jazz* en directo y los tentempiés generosos acompañan a los copiosos cócteles.

Cabaret Las Vegas

CLUB

35 PLANO P. 96, H2

En su día, fue un antro local un poco sórdido, pero actualmente es conocido por sus espectáculos nocturnos de *drag*, y es uno de los clubes gais más fiables de La Habana.

Juguera de 6

ZUMOS

36 PLANO P. 96, B2

Bar en una planta superior detrás de un edificio residencial cerca del Hotel Meliá Cohiba. Ofrece la friolera de 97 zumos frescos con las mejores frutas tropicales (pa-

Cabaret Parisien.

JEREMY GRAHAM/ALAMY STOCK PHOTO ©

paya, mango, piña, etc.) y a veces también verduras. Se puede estar con los lugareños y desintoxicarse del cerdo frito de la noche anterior por unos dólares.

Bar-Club Imágenes BAR

37 PLANO P. 96, C2

Pequeño piano-bar de iluminación tenue que atrae a una clientela ligeramente mayor con su oferta regular de boleros y trova. También hay espectáculos de comedia. Fuera se puede consultar la programación.

Ocio

Cabaret Parisien CABARÉ

38 PLANO P. 96, H1

Un escalón por debajo del famoso Tropicana (p. 125) de Marianao, pero mucho más barato y cerca del centro. El cabaré que se celebra cada noche en el Hotel Nacional (p. 92) vale la pena, sobre todo para quien se aloja en el Vedado o alrededores. Ofrece la mezcla habitual de volantes, plumas y bailarinas con poca ropa, pero la coreografía es de primera clase y los trajes son maravillosamente extravagantes. (hotelnacionaldecuba.com)

Club de 'jazz' La Zorra y el Cuervo MÚSICA EN DIRECTO

39 PLANO P. 96, G2

Este es uno de los clubes de *jazz* más antiguos y alabados. Abre sus puertas cada noche a las 22.00, con largas colas de apasionados de la música. Se entra por una cabina telefónica británica roja y se desciende a un sótano diminuto y oscuro. Suena música candente y clamorosa, con bastante tendencia hacia el *jazz freestyle*. (7-833-2402)

Mis restaurantes favoritos

Grados Comida casera en un lugar que es *chic* pero que a la vez es como estar en casa de tu madre. Suele haber un menú-degustación con ingredientes interesantes como crema de maíz y ocra. (p. 105)

Antojos Recomendaría las croquetas, los tostones con lechón y el pescado a la barbacoa. (p. 51)

Chachachá Ambiente muy cubano, comida, música en directo y obras de arte en las paredes.

El Café Aquí puedes crear tu propio *brunch*. También es apropiado para vegetarianos y veganos. (p. 56)

El Antonia Buena música en directo por la noche. (p. 54)

Recomendaciones de Celine Terry, *propietaria de la Residencia Albero Dulce (alberodulce.com), un hotel-boutique y centro de yoga cerca de la plaza de la Revolución.*

Teatro Nacional de Cuba

TEATRO

40 PLANO P. 96, F5

El teatro de la plaza de la Revolución es uno de los dos pilares de la vida cultural de la ciudad, rival moderno del Gran Teatro (p. 76) de Centro Habana. El complejo fue construido en los años cincuenta como parte de la gran expansión urbana de Jean-Claude Forestier, y acoge grandes conciertos, compañías de teatro extranjeras y la compañía infantil La Colmenita. (7-879-6011)

Habana Café

CABARÉ

41 PLANO P. 96, B2

Un moderno y popular club y cabaré en el Hotel Meliá Cohiba (meliacuba.com), decorado en estilo estadounidense de los años cincuenta, pero con salsa en directo. A partir de la una de la madrugada se retiran las mesas y se anima con música internacional. Excelente relación calidad-precio.

Casa de la Amistad

MÚSICA EN DIRECTO

42 PLANO P. 96, D4

Esta elegante mansión rosada construida en 1926 por Juan Pedro Baró, un rico terrateniente envuelto en un escandaloso matrimonio con la dama de la alta sociedad Catalina Lasa, es el inusual corazón de la floreciente escena del *rock and roll* de La Habana. Los domingos a las 18.30 tocan bandas locales ante un público multigeneracional de *rockeros*. (7-830-3114)

El Turquino

MÚSICA EN DIRECTO

Este conocido club (véase 6 plano p. 96, G2) en la 25ª planta del Hotel Habana Libre (p. 99) acoge espectáculos mediocres de cabaré seguidos de música en directo y baile, mucho mejores. Hay que destacar el techo retráctil, que se desliza cuando todo el mundo se lanza a la pista de baile hacia medianoche.

Cine Charles Chaplin

CINE

45 PLANO P. 96, C5

Uno de los cines más grandes y mejor equipados de Cuba. Cada noche proyecta películas de todo tipo y a veces organiza ciclos centrados en un director. Merece la pena entrar en el vestíbulo, un verdadero museo de carteles de cine cubano. (7-831-1101)

Teatro Mella

TEATRO

44 PLANO P. 96, D3

Este teatro ocupa el lugar del viejo Cine Rodi de la calle Línea. Ofrece uno de los programas más completos de La Habana e incluye un festival internacional de *ballet*, comedia, teatro, danza y actuaciones intermitentes del famoso Conjunto Folklórico Nacional. La banda de *rock* Blondie tocó aquí en el 2019. (7-833-8696)

DPA PICTURE ALLIANCE/ALAMY STOCK PHOTO ©

Teatro Mella.

De compras

Bazar Estaciones

REGALOS Y RECUERDOS

45 PLANO P. 96, F4

Esta tienda privada tiene una oferta cuidada de recuerdos únicos (no los típicos con la marca del Gobierno), como lámparas creativas, fotos enmarcadas, postales y viejos vinilos convertidos en relojes. Está junto a la avenida de los Presidentes, frente al monumento a José Miguel Gómez. (7-832-9965)

La Habana Sí

REGALOS Y RECUERDOS

46 PLANO P. 96, G2

Esta tienda gubernamental ARTex enfrente del Hotel Habana Libre (p. 99) tiene una buena selección de libros, artesanía, postales y otros recuerdos exclusivos de Cuba.

Bazar de Arte

REGALOS Y RECUERDOS

47 PLANO P. 96, G2

En esta tienda estatal junto al Cine Yara (p. 95) se vende una selección de viejos carteles de cine, postales antiguas, camisetas y las grandes películas cubanas en cinta de vídeo.

Librería Centenario del Apóstol

LIBROS

48 PLANO P. 96, H2

Gran surtido de libros usados, con una gran inclinación por José Martí, en el centro del Vedado.

Explorar

Playa y Marianao

Playa es un extenso municipio al oeste del Vedado, cruzando el río Almendares. Para simplificar la visita, se puede dividir en varios barrios. La mayoría de los puntos de interés se encuentra en Miramar, un frondoso barrio diplomático de amplias avenidas, higueras veteranas y excelentes restaurantes privados. Más al oeste se encuentra la Marina Hemingway, el mejor puerto deportivo de La Habana (un poco decrépito hoy día).

Lo esencial

- ***Otramanera (p. 115)*** *Probar sabores nuevos en uno de los mejores restaurantes privados de La Habana, que ocupa una bonita casa ajardinada de Miramar.*
- ***Marina Hemingway (p. 118)*** *Seguir la leyenda de Hemingway en el puerto deportivo que lleva su nombre, desde donde se puede salir a navegar o pescar.*
- ***Bosque de La Habana (p. 119)*** *Recorrer a pie o en bicicleta los senderos por el bosque siguiendo el río Almendares.*
- ***Tropicana (p. 125)*** *Ver un espectáculo en el gran cabaré cubano, que lleva desde 1939 luciendo sus plumas, sus tocados exóticos y sus enérgicos bailes.*

Cómo llegar y desplazarse

La mejor forma de llegar a Playa desde Centro Habana y el Vedado es el T1 del Habana Bus Tour, que pasa por muchos lugares destacados hasta La Cecilia, en la Quinta Avenida de Cubanacán. Desde aquí, el bus T2 (menos fiable) lleva a la Marina Hemingway cuatro veces al día (compruébese antes).

Plano de la zona en p. 116.

Río Jaimanitas desde Santy Pescador (p. 121).

Circuito a pie

Playa sin indicaciones

El municipio de Playa no siempre sabe anunciar sus atractivos, ya sea por confianza, por arrogancia o por negligencia, pero el barrio guarda numerosos secretos que vale la pena explorar.

Datos

Inicio Bosque de La Habana

Final Iglesia de Jesús de Miramar

Duración 7 km; 3 h

❶ Bosque de La Habana

Que quede claro que resulta muy distinto de los cuidadísimos parques europeos, y apenas hay turistas en él. Sin embargo, el Bosque de La Habana es importante como proyecto de revitalización ecológica. Además, es un lugar sagrado para la santería, donde los adeptos suelen dejar ofrendas rituales debajo de los árboles.

❷ Otramanera

Detrás de una alta verja que lo separa de la jovial vida callejera de Miramar se esconde uno de los candidatos a mejor restaurante de La Habana. Con su entorno de rancho minimalista y su bar de iluminación romántica en el jardín, parece salido de Los Ángeles. La comida es cubano-española, con platos como huevos de codorniz trufados o conejo estofado. Algo remarcable dada la dificultad de conseguir algunos ingredientes.

❸ Espacios

Después de abrir en la década del 2010, el moderno bar de tapas y *chill out* **Espacios** (☎7-202-2921) se forjó una reputación de boca en boca. No hay ningún cartel fuera de la gran casa unifamiliar de Miramar en la que se halla. Hay que conocer a alguien moderno y enterado que haya estado aquí para saber la dirección.

❹ Quinta Avenida (5ta Av.)

Antes de la Revolución, Miramar era un selecto barrio residencial donde la gente más rica de Cuba vivía en enormes mansiones ostentosas. Actualmente, la deslumbrante colección de fina arquitectura ecléctica de la Quinta Avenida alberga embajadas y empresas estatales.

❺ Café Fortuna Joe

Hay dos Cafés Fortuna en Miramar, ambos extravagantes, pero solo este **Fortuna** (☎5-413-3706) lleva el Joe detrás. Ocupa una casa de playa de dos plantas en la avenida 1 y dentro se puede disfrutar de uno de los mejores cafés de La Habana en mesas curiosísimas, como por ejemplo una calesa, una barca o un antiguo baño.

❻ Paseo Marítimo 1ª y 70

Parque ligeramente destartalado enfrente del grande y ultramoderno Gran Muthu Hotel, en el extremo oeste del barrio diplomático de Miramar. Cuenta con numerosos restaurantes privados en plan cabaña de playa, con una oferta variable de pescado y música en directo que suena hasta la madrugada.

❼ Iglesia de Jesús de Miramar

No suele aparecer en los itinerarios por La Habana. La gente que nunca ha estado aquí la juzga demasiado moderna, periférica y ordinaria. Pero el verdadero tesoro de la iglesia está en el interior: un viacrucis de 14 estaciones pintado con todo lujo de detalles en las paredes.

Estrecho de Florida
A
B
C
D
E
F
1
2
3
4
0
1 km
La Maqueta de La Habana
Acuario Nacional
Embajada de Rusia
Fundación de la Naturaleza y el Hombre
Memorial de la Denuncia
Casa de las Tejas Verdes
Universidad de las Artes
Museo de la Alfabetización
Parque Monte Barreto
Parque Miramar
Parque Almendares
Bosque de La Habana
Río Almendares
Aeropuerto de Ciudad Libertad
Ciudad Libertad
PLAYA
MIRAMAR
BUENA VISTA
CUBANACÁN
EL VEDADO
NUEVO VEDADO
KOHLY
5ta Av.
Av 1
Av 3
Av 5B
Av 7
Av 9
Av 11
Av 13
Av 15
Av 17
Av 19
Av 21
Av 23
Av 25
Av 27
Av 29
Av 31
Av 33
Av 35
Av 37
Av 39
Av 41
Av 43
Av 51
Av Kohly
C 4
C 6
C 10
C 16
C 20
C 23
C 24
C 26
C 28
C 29G
C 30
C 32
C 34
C 35
C 36
C 40
C 42
C 47
C 49A
C 49C
C 60
C 62
C 64
C 66
C 68
C 70
C 72
C 74
C 76
C 78
C 82
C 84
C 92
C 96
C 112
C 120
4, 7, 10, 11
18, 27
Reseñas en:
Puntos de interés p. 117
Dónde comer p. 120
Ocio p. 125
De compras p. 126

Puntos de interés

Memorial de la Denuncia

MUSEO

1 PLANO P. 116, F1

El antiguo Museo del Ministerio del Interior fue remodelado en el 2017 para ofrecer una mirada más interesante (no exenta de propaganda) de las acciones de EE UU contra Cuba en los últimos 60 años. La escalera de entrada está cubierta por más de 3000 cruces, en referencia a las víctimas de las refriegas con los EE UU u otras potencias extranjeras desde 1959, desde el intento de invasión de bahía de Cochinos hasta el atentado terrorista de 1976 contra el vuelo 455 de Cubana. (☎7-203-0120)

Acuario Nacional

ACUARIO

2 PLANO P. 116, D1

Este acuario fundado en 1960 es toda una institución de La Habana, orientado principalmente a cubanos. Una advertencia: las instalaciones desvencijadas y la selección limitada lo alejan del estándar de otros acuarios del mundo. La especialidad son las tortugas marinas, pero también hay leones marinos, cocodrilos y delfines, con espectáculos de estos cada hora. Estos espectáculos han sido muy criticados por los grupos de bienestar animal, que argumentan que el cautiverio de mamíferos marinos tan complejos es debilitante y estresante. (www.instragram.com/acuarionacionalcuba; 👪)

Embajada rusa

PUNTO DE INTERÉS

3 PLANO P. 116, C1

Ese enorme obelisco estalinista que se alza en la Quinta Avenida es de la embajada rusa (y de la antigua URSS), testamento de los días en los que Fidel Castro se codeaba con Brézhnev y compañía.

Club Habana

EDIFICIO RELEVANTE

4 PLANO P. 116, A1

Esta fabulosa mansión ecléctica de 1928 en Flores albergó en su día el Havana Biltmore Yacht & Country Club. Hoy vuelve a ser un punto de encuentro de diplomáticos y visitantes pudientes. El club tiene su propia playa, muy cuidada (y la más cercana al centro de la ciudad), varias piscinas, bar y restaurante, todo ello abierto a los no miembros por un precio de entrada. (☎7-204-5700)

Universidad de las Artes

EDIFICIO RELEVANTE

5 PLANO P. 116, A2

La principal academia de arte de Cuba se estableció en el antiguo Havana Country Club en 1961 y adquirió su estatus institucional actual en 1976. La colección de edificios (algunos inacabados, otros a medio restaurar, todos muy elegantes con arcos inusuales, cúpulas y ladrillos rojos) fue obra del Che Guevara y un equipo de arquitectos. (isa.cult.cu)

Maqueta de La Habana MUSEO

6 PLANO P. 116, E1

La Habana está bastante desvencijada en algunos puntos. Irónicamente, esta enorme maqueta a escala 1:1000 también: le iría bien que alguien le sacara el polvo. Fue creada para efectos urbanísticos, pero ahora es una atracción turística. Está en proceso de renovación, pero por lo general todavía se puede ver.

Marina Hemingway PUERTO DEPORTIVO

7 PLANO P. 116, A1

El gran puerto deportivo de La Habana fue construido en 1953 en la pequeña población costera de Santa Fe. Después de la Revolución, se nacionalizó y se bautizó con el nombre del yanqui preferido de Fidel Castro. Tiene cuatro canales de 800 m de largo, un centro de submarinismo, dos hoteles y una colección variopinta de tiendas y restaurantes. Solo vale la pena visitarlo si se deja un barco aquí o se planean deportes acuáticos. (www.cubanautica.travel/marinas-turisticas/marlin-marina-hemingway/)

Fundación de la Naturaleza y el Hombre MUSEO

8 PLANO P. 116, C2

Este pequeño museo confirma que lo pequeño es hermoso. Muestra artefactos de un viaje en canoa de 17 422 km desde el origen del Amazonas hasta el mar liderado

Embajada rusa (p. 117).

Bosque de La Habana

Este agradable oasis de vegetación y aire puro se encuentra en pleno caos del centro (plano p. 116, E4), a orillas del río Almendares, bajo el puente de la calle 23. No es precisamente el Bois de Boulogne parisino, pero es mucho más saludable de lo que era en los años noventa.

El parque inferior (más cercano al puente) suele denominarse **parque Almendares** y está más desarrollado. Hay varias instalaciones mediocres, como un anticuado campo de minigolf, el anfiteatro Parque Almendares y un parque infantil. Al sur del puente está el llamado **parque Metropolitano,** más salvaje y seductor, con árboles gigantes envueltos por cortinas de enredaderas colgantes. Varios caminos recorren el parque entre la carretera y el río, y a veces se celebran ceremonias de santería. Es un parque atractivo y lo será todavía más si la ciudad logra resolver el problema de la basura.

por el intelectual y antropólogo cubano Antonio Núñez Jiménez en 1987. En la variadísima colección cabe destacar una de las mayores colecciones fotográficas de Cuba, libros escritos por el prolífico Núñez Jiménez, su querida canoa y un famoso retrato de Fidel Castro hecho por el pintor ecuatoriano Oswaldo Guayasamín. (fanj.cult.cu)

Museo de la Alfabetización MUSEO

9 PLANO P. 116, B4

Un antiguo aeródromo militar en Marianao es hoy un complejo educativo llamado **Ciudad Libertad.** Este evocador museo describe la campaña de alfabetización de 1961, durante la cual 100 000 jóvenes de entre 12 y 18 años recorrieron Cuba para enseñar a leer y escribir a granjeros, trabajadores y personas mayores.

Marlin Marinas y Náutica DEPORTES ACUÁTICOS

10 PLANO P. 116, A1

Este centro náutico en Marina Hemingway organiza salidas de pesca en alta mar de 4 h para cuatro personas por unos 330 US$ (incl. aparejos y barra libre). La temporada del marlín es de junio a octubre. También ofrecen salidas en catamarán por la costa de La Habana (mínimo 4 personas). (marinasmarlin.com)

Centro de buceo La Aguja SUBMARINISMO

11 PLANO P. 116, A1

Entre Marlin Marinas y el centro comercial de Marina Hemingway está este centro de submarinismo y resort, que ofrece cursos, certificaciones completas e inmersiones en las inmediaciones de La Haba-

Una casa clásica de Miramar

Saliendo del túnel que cruza el río Almendares, lo primero que se ve de Miramar es la **Casa de las Tejas Verdes** (plano p. 116, F2; tejasverdes@patrimonio.ohc.cu). Es un sutil ejemplo de eclecticismo, ya que es la única muestra de arquitectura de estilo reina Ana en toda Cuba. Fue construida en 1926 y durante décadas fue el hogar de una personalidad de la alta sociedad de La Habana, Luisa Rodríguez Faxas, que vivió aquí de 1943 a 1999.

Tras la muerte de Rodríguez, la casa pasó a manos del Gobierno cubano, que la restauró y abrió sus puertas como centro de estudios arquitectónicos (2010). No es un museo estrictamente hablando, pero hay visitas gratuitas los miércoles a las 10.00 o en otros horarios con cita previa; hay que llamar con antelación al 7-212-5282.

na; salidas a las 9.00. También se pueden organizar salidas a la playa Girón, donde las inmersiones son mucho mejores. (marinasmarlin.com/home)

Dónde comer

Sensaciones INTERNACIONAL $$$

12 PLANO P. 116, C2

Este es uno de los nuevos paladares de Miramar, en un edificio elegante con mesas dentro y en un balcón, parrilla de carbón, un pequeño bar y decoración minimalista. La comida está igual de cuidada, con tentempiés ligeros (empanadas, croquetas, cebiche), carne y pescado a la parrilla hechos con mano experta y unas piñas coladas finísimas.

Nero di Seppia ITALIANA $$$

13 PLANO P. 116, F1

Uno de los favoritos al título de mejor restaurante italiano de La Habana es Nero di Seppia, gracias a su masa de *pizza* de calidad napolitana, su pasta casera y sus capuchinos dignos de Turín. Han mantenido un estándar muy alto a pesar de las penurias económicas y todavía se puede degustar berenjena, quesos, jamón curado o un filete al punto. El propietario es italiano.

La Esperanza INTERNACIONAL $$$

14 PLANO P. 116, F1

La Esperanza recuerda los viejos tiempos de los paladares, cuando daba la impresión de estar comiendo en una casa particular. El interior de esta casa cubierta de enredaderas ofrece una colección de antigüedades extravagantes, retratos antiguos y muebles refinados de la década de 1940. La comida incluye platos exquisitos como el pollo luna de miel (flambeado con ron) o las brochetas de cordero. (7-202-4361)

La Casa del Gelato HELADO $

15 PLANO P. 116, D1

Cada vez hay más heladerías privadas en La Habana; esta fue una de las primeras y sigue siendo una de las mejores. A diferencia de las más céntricas, aquí hay muchas mesas dentro y fuera. Ofrece una amplia colección de sabores y además sirve tartas, sándwiches y un café fuerte. (❄)

Paladar Vista Mar PESCADO $$$

16 PLANO P. 116, E1

En La Habana hay media docena de paladares en activo que se remontan a los años noventa y este es uno de ellos. Sigue destacando a pesar del aumento de la competencia. Se encuentra en una casa familiar de los años cincuenta frente al mar y cuenta con una preciosa piscina. La comida es lujosa, pero clásica, con cebiche, pulpo y lomo de cerdo. (☎7-203-8328)

Toros y Tapas ESPAÑOLA $$$

17 PLANO P. 116, F1

Restaurante dedicado a la gastronomía española, que sirve garbanzos, pescado a la parrilla, paella, tortilla y mucho más. La decoración es a base de capotes de torero, pósteres de corridas de toros e incluso taxidermia taurina. Abstenerse vegetarianos.

Santy Pescador PESCADO $$

18 PLANO P. 116, A2

El pescado es el rey en este restaurante junto al mar entre la Marina Hemingway y Fusterlandia. Es una

Santy Pescador (p. 121).

HEMIS/ALAMY STOCK PHOTO ©

de las pocas opciones correctas en esta franja de bosque. Tiene una terraza cubierta con vistas a la modesta flota pesquera en la que degustar platos inusuales (para Cuba) como cebiche o *sushi*, además de clásicos como langostinos o langosta.

La Catrina MEXICANA $$

19 PLANO P. 116, B1

Los restaurantes mexicanos siguen siendo escasos en Cuba, a pesar de que en muchos sitios se incluyen los tacos en la carta, pero La Catrina ha introducido la verdadera comida mexicana en la ciudad. Tablas de tacos, fajitas, quesadillas, burritos y mucho más. Hay mesas dentro y fuera, y una decoración apropiada.

La Corte del Príncipe ITALIANA $$$

20 PLANO P. 116, C2

Estar un poco alejado nunca ha parecido ser una molestia para este restaurante, que se ha ganado una clientela leal: es uno de los italianos más auténticos de la ciudad. Sirve pasta casera, berenjena a la *parmigiana*, gambas y *focaccia* (pero no *pizza*). Incluso tienen horarios italianos y cierran para la siesta. (5-255-9091)

El Aljibe CARIBEÑA $$

21 PLANO P. 116, E2

Toda una leyenda en La Habana. El restaurante original era de antes de la Revolución y la reencarnación de los años noventa apareció

Bosque de La Habana.

con su plato más célebre, el pollo El Aljibe (pollo asado en salsa de naranja amarga), servido con tantas raciones como se quiera de arroz blanco, alubias negras, plátano macho frito, patatas fritas o ensalada. (☎ 7-204-1583/4)

28 y Mar
CAFETERÍA **$**

22 🍴 PLANO P. 116, E1

Platos tipo cafetería servidos rápidamente en una mesa en una casa de playa de la avenida 1, con las olas a unos metros de la puerta. La carta incluye seductores batidos de vainilla y panecillos crujientísimos.

El Tocororo
CARIBEÑA **$$$**

23 🍴 PLANO P. 116, E1

En su día fue considerado uno de los mejores restaurantes gubernamentales de La Habana, junto con El Aljibe, pero en los últimos años ha perdido terreno frente a la nueva competencia privada y lo critican a menudo por los precios elevados. Sin embargo, las mesas iluminadas con velas y el interior suntuoso hacen que valga la pena, mientras que la carta todavía sorprende, con lujos como cola de langosta o filete a la pimienta. (☎ 7-202-4530)

Siete Días
INTERNACIONAL **$$**

24 🍴 PLANO P. 116, F1

Este restaurante junto al mar tiene una carta muy correcta, pero es memorable sobre todo por el ambiente, la ubicación y las vistas.

Los mejores rincones fotogénicos

Las calles de La Habana, en especial la calle San Lázaro y la calle Cárdenas, por sus texturas, su arquitectura variada y la posibilidad de encontrar rostros expresivos para retratos.

El Bosque de la Habana, por su enigmática vegetación.

Los viejos bares de los años cincuenta de la calle Neptuno (Centro Habana), por su encanto añejo.

La estación central de trenes de La Habana, por su diversidad monocromática.

Recomendaciones de Joanne Marina Soto Fernández, *fotógrafa que vive en Playa, La Habana. @titinastyle*

Se encuentra en una mansión preciosa, con un bar-terraza en la preciosa playita de 16, conocida para cualquiera que haya crecido en La Habana. Un lugar ideal para ver la puesta de sol con una bebida en la mano. (☎ 7-209-6889)

Pan.com
COMIDA RÁPIDA **$**

25 🍴 PLANO P. 116, E2

En La Habana no hay McDonald's, y Pan.com es la máxima expresión de la comida rápida. Esta cadena estatal sirve potentes bocadillos con verdadero pan cubano, ham-

Barrios de Playa

El municipio de Playa se divide en media docena de barrios. Para explorarlo todo hay que cubrir mucho terreno, ya sea a pie o en trayectos cortos en autobús o en taxi.

El punto de partida obvio es **Miramar,** barrio diplomático arbolado que empieza al otro lado del río Almendares desde el Vedado. La vía principal es la Quinta Avenida, que tiene un paseo peatonal central como el paseo de Martí (el Prado) de Centro Habana. Los restaurantes, bares y puntos de interés están en la misma avenida o unas manzanas al norte o sur. Algunos restaurantes están escondidos en tranquilas calles secundarias y vale la pena ir a buscarlos.

La mayoría de los grandes hoteles de Playa se encuentra en una manzana rectangular entre las calles 60 y 84. Más allá, Miramar se funde con **Cubanacán,** que en su día fue como un Beverly Hills y ahora es conocido por los centros de convenciones y un club náutico.

La cosa se vuelve todavía más selecta en **Flores,** donde se halla el opulento Club Habana (p. 117), además de la única playa real de Playa (¡irónico!). Al oeste de Flores está **Jaimanitas,** una zona más de clase trabajadora; en su día fue un pueblo pesquero y desde los años noventa se ha ido transformando en un gran proyecto de arte, Fusterlandia. Hacia el oeste, Playa termina en **Santa Fe,** que alberga el mayor puerto deportivo de La Habana (p. 118), dedicado a Ernest Hemingway.

La gente solo suele visitar **Marianao** para ir al célebre Tropicana. Menos visitada es **Ciudad Libertad,** un antiguo cuartel militar que Fidel Castro convirtió en un enorme complejo pedagógico. Actualmente alberga el Museo de la Alfabetización (p. 119).

burguesas baratas y batidos de helado deliciosos, para disfrutar en la terraza entre diplomáticos. (☎7-204-4232)

Casa Española ESPAÑOLA **$$**

26 PLANO P. 116, E2

Una parodia medieval construida en la era de Batista por el millonario Gustavo Gutiérrez y Sánchez. Este castillo de Miramar se ha forjado una nueva vida como complejo culinario español dedicado a Don Quijote. Hay tres opciones: un restaurante, una cafetería y una barbacoa. El primero es el más genuinamente español. (☎7-206-9644)

Complejo Turístico Papa's CARIBEÑA $$

27 PLANO P. 116, A2

Por este complejo de la Marina Hemingway pasa todo tipo de gente, desde marineros que beben cerveza a aspirantes a *American Idol* acaparando el karaoke. La comida es igual de variada, con un elegante restaurante chino (con código de vestimenta) y un *ranchón* (restaurante rústico) al aire libre.

Ocio

Tropicana CABARÉ

28 PLANO P. 116, C4

Una institución desde su creación en 1939. Fue uno de los pocos bastiones de la desenfrenada vida nocturna de La Habana que sobrevivió a la Revolución. Los espectáculos de cabaré al aire libre, inmortalizados en la novela *Nuestro hombre en La Habana* de Graham Greene (1958), no han cambiado mucho desde los años cincuenta, con bailarines de vestimenta extravagante que recorren la historia de la música cubana en un escenario de varios niveles. (cabaret-tropicana.com)

Casa de la Música MÚSICA EN DIRECTO

29 PLANO P. 116, E2

Este clásico de Miramar se inauguró en 1994 con un concierto del célebre pianista de *jazz* Chucho Valdés. Lo dirige la discográfica nacional EGREM y la programación suele ser mucho más auténtica que los espectáculos de cabaré de los hoteles. Es un poco más sofisticado que su homónimo de Centro Habana. (☎7-202-6147)

Café Miramar MÚSICA EN DIRECTO

30 PLANO P. 116, B1

Un club refinado para una zona cuidada de Playa, en el Cine Teatro Miramar y afiliado con la agencia gubernamental ARTex. Se dedica al *jazz* en directo, aunque a veces se añaden otros estilos (como *funk*). Empieza a activarse sobre las 21.00 y hay comida barata.

Teatro Karl Marx MÚSICA EN DIRECTO

31 PLANO P. 116, F1

En cuanto a tamaño, le hace sombra a otros teatros de La Habana, con capacidad para 5500 personas en un solo auditorio. Aquí se realizan grandes eventos, como las galas de clausura de los festivales de *jazz* y de cine, y algún que otro concierto de trovadores como Silvio Rodríguez. (☎7-209-1991)

Don Cangrejo MÚSICA EN DIRECTO

32 PLANO P. 116, F1

Durante el día es un restaurante dirigido por el Ministerio de Pesca, pero por la noche se convierte en una verdadera fiesta (en especial los viernes), con música en directo al aire libre (muchos grandes nombres) y una atmósfera joven y alocada. Está muy concurrido y hay colas.

La Cecilia MÚSICA EN DIRECTO

33 PLANO P. 116, A1

Este complejo ajardinado cercado sirve comida cubana tradicional y mojitos para grupos de turistas, pero se conoce sobre todo por su *big band* de salsa, que resuena bajo los helechos y las copas de los árboles los fines de semana por la noche. (7-204-1562)

Club Almendares BAILE

34 PLANO P. 116, F3

En pleno Bosque de La Habana (p. 119) se celebra cada semana la **Fiesta del Casino,** una popular discoteca al aire libre donde bailan salsa cubanos y extranjeros. Se empieza con una clase de salsa comunal por parte del **Club Salseando Chévere** (salseandochevere.com). (7-204 4990)

Circo Trompoloco CIRCO

35 PLANO P. 116, A1

Este es el circo permanente de La Habana, con una matiné de fin de semana que incluye forzudos, contorsionistas y acróbatas. (www.circonacionaldecuba.cu;)

Salón Rosado Benny Moré MÚSICA EN DIRECTO

36 PLANO P. 116, E3

Si el viajero busca un plan genuinamente cubano, puede codearse con los habaneros y bailar en esta pista al aire libre, conocida popularmente como la Tropical. Es un club veterano con música en directo, que ha cambiado de ubicación a lo largo de los años. Hoy suena menos Benny Moré y más *jazz*, a veces mezclado con algo de reguetón. (7-206-1281)

De compras

La Casa del Habano Quinta PUROS

37 PLANO P. 116, F2

Tal vez esta sea la mejor tienda de puros de La Habana y hay una competencia importante. Está bien abastecida, tiene un personal que sabe lo que dice y dispone de un acogedor salón para fumadores, además de un correcto restaurante. Suele haber muchos aficionados a los puros. (habanos.com)

Salomé Casa de Modas ROPA

38 PLANO P. 116, E1

Todas las piezas de ropa de esta *boutique* privada rebosan estilo auténtico cubano. Está especializada en el lino: vestidos, blusas, pantalones y guayaberas. Las piezas de Salomé son elegantes sin ser pretenciosas. Dominan los tonos pastel, plisados y bordados. (salomemodas@hotmail.com)

La Maison ROPA

39 PLANO P. 116, F2

Este pequeño complejo de *boutiques* escondido en una villa de Miramar está dedicado a la fascinación por la moda de los cubanos. Tiene una selección limi-

Tropicana (p. 125).

tada de ropa de diseño, calzado, bolsos, joyas y cosméticos, pero es más conocida por sus desfiles de moda (ju-do), que se realizan en un frondoso patio trasero.

Centro de Negocios de Miramar

CENTRO COMERCIAL

40 PLANO P. 116, C1

El centro comercial y de negocios más grande y moderno del país alberga innumerables tiendas, oficinas de compañías aéreas y embajadas. Atención a las instalaciones artísticas poco convencionales, como una manada de elefantes brincando.

Egrem Tienda de Música

MÚSICA

41 PLANO P. 116, F1

Hay una pequeña tienda de CD escondida en una tranquila avenida de Miramar, en la sede de los estudios de grabación más célebres de La Habana.

Merece la pena

Admirar la vanguardia en Fusterlandia

¿Dónde se fue el arte después de Antoni Gaudí? La respuesta tal vez se halle al oeste del centro de La Habana, en Jaimanitas; aquí, el artista José Fuster ha convertido su barrio natal en una obra maestra de azulejos intrincados y colores caleidoscópicos que hace que el Parc Güell de Barcelona parezca de lo más discreto. Hay que imaginarse un Gaudí tropical y con acento cubano.

Bienvenidos al barrio

El barrio de Jaimanitas da la bienvenida al 'espectáculo' de Fusterlandia con las palabras "Homenaje a Gaudí" en un mosaico precioso. Desde aquí, la cerámica surrealista de Fuster abarca bancos de parques, espacios públicos y más de 120 casas de varias manzanas. Las paradas de autobús, los carteles de las calles e incluso el consultorio de un médico han adoptado esta estética artística.

Taller-Estudio José Fuster

El corazón del proyecto es la casa del propio Fuster. El Taller-Estudio José Fuster (☎5-281-5421), de varias plantas, está decorado desde el suelo hasta el techo con arte, esculturas y, sobre todo, mosaicos de todos los tipos y colores. Es un espectáculo que desafía toda descripción. Hay que ir a verlo. Es una mezcla fantástica de pasarelas en espiral, manos gigantes, vaqueros con rostros caricaturescos y motivos de rayos de sol alrededor de una pequeña piscina. La obra mezcla elementos de Picasso y Gaudí con fragmentos estilizados de Paul Gauguin, Wifredo Lam, realismo mágico, influencias marítimas y elementos de la santería.

Paradas de autobús

Para quien llega en autobús, es imposible equivocarse con las paradas de Fusterlandia. Las dos paradas a ambos lados de la Quinta Avenida tienen la estética típica de Fuster, con perfiles curvilíneos, techos en forma de setas y el nombre y el número de la parada confeccionados en mosaico.

★ Consejos

- Se vende arte en numerosos talleres del barrio, incluido el propio estudio de Fuster.
- Subiendo a la torre de observación de la casa de Fuster hay vistas de Fusterlandia.
- Se recomienda pasear por las calles más tranquilas del barrio y charlar con algún vecino.

Una pausa

Unos 750 m al oeste está Santy Pescador (p. 121), que sirve de los mejores pescados de la ciudad.

★ Cómo llegar

Un taxi desde La Habana debería costar 15-20 US$.

Se toma el Havana Bus Tour T1 desde el Parque Central hasta La Cecilia (en Playa) y se cambia al autobús T2 (comprobar antes si circula). Se baja en la parada gaudiesca de la Quinta Avenida.

Explorar

Playas del Este

En La Habana del Este, a 18 km de La Habana Vieja, se encuentra Playas del Este. Es una franja muy variada de playas sensacionales, aunque los resorts están un poco dejados y no son precisamente lujosos. Si el viajero detesta el desarrollo turístico moderno o quiere ver cómo se divierten los cubanos, Playas del Este es un soplo de aire fresco.

Lo esencial

- ***Playas (p. 132)*** *Empaparse de la atmósfera variada de las fantásticas playas al este de La Habana.*
- ***Tarará (p. 135)*** *Ir a este puerto deportivo para practicar submarinismo y otros deportes acuáticos.*
- ***Los Chinos Pizza (p. 135)*** *Disfrutar de una pizza al estilo napolitano en el pequeño Guanabo, en el extremo oriental de las playas.*
- ***Cojímar (p. 136)*** *Visitar este pequeño pueblo pesquero, donde Hemingway iba a tomarse unos cócteles.*
- ***Ajiaco Café (p. 139)*** *Los secretos de la comida cubana, en el mejor restaurante de la granja a la mesa.*

Cómo llegar y desplazarse

El T3 del Habana Bus Tour circula cada 40 min del Parque Central a la playa de Santa María del Mar; se paga con tarjeta de crédito. El autobús local A40 para en la rotonda de la calle 462 con la Quinta Avenida de Guanabo hacia La Habana.

Un taxi desde Centro Habana a Playas del Este cuesta unos 15-20 US$.

Plano de la zona en p. 134.

Playa Mégano (p. 133). TUPUNGATO/SHUTTERSTOCK ©

Circuito a pie

Playas del Este

Estas playas se extienden a lo largo de 8 km en una línea ininterrumpida desde Tarará (oeste) hasta Guanabo (este). Esta franja carece de la atmósfera turística "todo incluido" de Varadero, y cada playa tiene su propio carácter, desde el ambiente LGTBIQ+ de Boca Ciega hasta la vida local desenfadada de Guanabo.

Datos

Inicio Playa de Tarará

Final Guanabo

Duración 8 km; 3½ h

❶ Playa de Tarará

En Tarará está uno de los dos puertos deportivos de La Habana. Acoge un extenso resort con bungalós de los años sesenta, utilizados mayormente por veraneantes cubanos. No es precisamente lujoso, pero la playa adyacente es bonita y relativamente tranquila en temporada baja. Es conocida por sus olas espumosas y es un lugar poco conocido de *kiteboard*.

❷ Playa Mégano

Esta divertida playa es lo bastante popular como para tener su propio punto náutico (puesto de alquiler de juguetes de playa), pero lo suficientemente apartada como para evitar el bullicio reguetonesco que a veces suena más al este. El restaurante local puede organizar almuerzos en la arena.

❸ Playa de Santa María del Mar

Los tres principales hoteles de playa de la zona están en la playa de Santa María del Mar, arenal de alta calidad protegido por dunas bajas y a la sombra de las palmeras. Varios puntos náuticos alquilan kayaks, bananas acuáticas y otros juguetes.

❹ Laguna Itabo

Esta pequeña laguna pantanosa rodeada de manglares está justo detrás de las dunas del extremo oriental de Santa María del Mar. El mejor acceso público es por un restaurante de madera que se alza sobre el agua mediante pilotes.

❺ Playa de Boca Ciega

Las dunas se hacen más altas al acercarse a esta playa amplia, que colinda con una pequeña desembocadura de río y una laguna. Desde los años noventa se conoce como la playa LGTBIQ+ no oficial de La Habana, aunque debido a un hotel cercano también hay muchas parejas hetero.

❻ Playa de Guanabo

Junto al pequeño y desaliñado pueblo playero de Guanabo se encuentra esta playa pedregosa y no tan bien mantenida como las demás. Lo bueno es que está al lado de la animación del pueblo. No hay un paseo marítimo elegante, pero sí mucha vida local.

❼ Guanabo

Este pueblo de construcciones bajas, que contrasta con la zona de hoteles baratos más al oeste, es genuinamente cubano, con un amplio abanico de tiendas, bares y restaurantes. Los cascos de los caballos ofrecen una agradable banda sonora y Los Chinos Pizza (p. 135) es ideal para coronar un día de playa; según algunos habaneros, sirven una de las mejores *pizzas* de masa fina de la ciudad.

Reseñas en:
Puntos de interés p. 135
Dónde comer p. 135
Dónde beber p. 138
Ocio p. 139
A
B
C
D
E
F
1
2
3
4
0
2 km
Estrecho de Florida
Playa de Santa María del Mar
Playa de Boca Ciega
Playa de Guanabo
Laguna Itabo
Av de las Terrazas
Av de las Banderas
Vía Blanca
Quinta Avenida
Av de las Américas
Blvr Habana
BOCA CIEGA
GUANABO
5ta Av.
Av 1
Av 2
Av 3
Av 4
Av 6
Av 7
Av 7B
Av 9
Av 11
Av 13
Av 5C
C 5
C 6
C 8
C 9
C 10
C 11
C 12
C 13
C 14
C 442
C 448
C 452
C 456
C 462
C 464
C 472
C 476
C 482
C 488
C 500
C 502
Cojímar
1 km
Estrecho de Florida
ALAMAR
Alamar
COJÍMAR
Río Cojímar
Ajiaco Café
Los Pinos
Doble Vía
Av Central
Martí
C 96
C 152
C C
C 1-B
C 3
Vista general
10 km
La Habana
Vía Monumental
Cojímar
Playa de Bacuranao
Playa de Tarará
Playa El Mégano
Guanabo
Mapa principal
Estrecho de Florida
Embalse Bacuranao
Campo Florido
Río Guanabo
1
2
3
4
5
6
7
8
9
10
11
12
13
14

Puntos de interés

Alamar

ZONA

1 PLANO P. 134, C3

Cruzando el río hacia el este desde Cojímar se encuentra una amplia finca de bloques de apartamentos prefabricados construidos desde 1971. Este fue el lugar de nacimiento del rap cubano y cada año se celebra un festival de *hip-hop*. También es el hogar de uno de los huertos urbanos más grandes y exitosos del país, el Organopónico Vivero Alamar.

Marlin Náutica Tarará

DEPORTES ACUÁTICOS

2 PLANO P. 134, A2

Alquiler de yates, pesca en alta mar, submarinismo… Todo esto ofrece el puerto deportivo de Tarará, 22 km al este de La Habana, aunque los servicios pueden ser esporádicos. Normalmente es recomendable consultar en el mostrador de turismo de un hotel de La Habana antes de ir. Los precios son parecidos a los de Marina Hemingway. (www.cubanautica.travel/en/destinos/la-habana)

Juguetes de playa

Hay numerosos **puntos náuticos** a lo largo de las playas. El más céntrico está delante del Club Atlántico, en la playa de Santa María del Mar. Aquí se pueden alquilar barcos de pedales, bananas acuáticas, kayaks para una o dos personas, material de buceo y catamaranes. Explorar la costa y los canales entre manglares en kayak es todo un placer. Los precios se anuncian en grandes pizarras.

En estos puntos también se alquilan tumbonas y pueden gestionar que los restaurantes locales sirvan comida directamente en la playa.

Dónde comer

Los Chinos Pizza

PIZZA $

3 PLANO P. 134, E2

Creado seguramente pensando en los grandes grupos de visitantes italianos, estos maestros pizzeros de Guanabo saben lo que se hacen. Confeccionan sus *pizzas* generosas de genuino aspecto napolitano en un horno de leña revestido de ladrillo. Mesas sencillas en la terraza y servicio rapidísimo.

Il Piccolo

ITALIANA $$

4 PLANO P. 134, F1

Este veteranísimo restaurante privado de Guanabo es un secreto a voces entre los habaneros; hay quien dice que sus *pizzas* de masa fina al horno de leña son las mejores de Cuba. Está un poco apartado y es ligeramente más caro que las numerosas pizzerías de Playas del Este, pero vale la pena el viaje (en coche de caballos por la Quinta Avenida). (☎ 7-796-4300)

Donde Albert
CUBANA $$

5 PLANO P. 134, A3

Un restaurante familiar hogareño muy cerca del mar, al lado del pequeño fuerte de Cojímar. Es fácil imaginar que a Hemingway le hubiera gustado comer aquí; como para demostrarlo, ahí están el gran cuadro del escritor que adorna el patio y la parafernalia marinera. La comida es deliciosamente casera, en especial el pescado. Al lado hay una magnífica pastelería.

Restaurante 421
CUBANA $$

6 PLANO P. 134, E2

Si se le pregunta a un lugareño dónde comer en Guanabo, lo más probable es que recomienden este agradable restaurante en la colina de detrás de la rotonda principal. Sorprende lo amplia que es la selección de clásicos cubanos, mezclados con platos como paella, conejo y *pizza*. El patio aireado es ideal para disfrutar de langosta a buen precio mientras se charla con los camareros. (☎5-305-6900)

Chicken Little
INTERNACIONAL $$

7 PLANO P. 134, F2

Este restaurante pulcro desafía la imagen destartalada de Guanabo. El servicio amable da la bienvenida con cócteles y explica la carta a base de pollo al pesto, pollo en salsa de naranja y miel, y una docena más de platos (algunos incluso sin pollo). (☎7-796-2351)

El Cojímar de Hemingway

El pueblecito portuario de Cojímar, 10 km al este de La Habana, es famoso porque Ernest Hemingway anclaba aquí su barca de pesca *Pilar* en los años cuarenta y cincuenta. Actualmente es una parada obligada en cualquier circuito temático de Hemingway. Los grupos suelen visitar el veterano restaurante La Terraza de Cojímar, donde en su día Ernest tomaba sus daiquiris.

El puerto de Cojímar está dominado por un viejo **fuerte** español de 1649, gemelo del torreón de la Chorrera del Vedado. Fue la primera fortificación que tomaron los británicos cuando atacaron La Habana en 1762. Hasta hace poco, los guardacostas cubanos utilizaban el fuerte. Hay planes para renovarlo en el futuro.

Junto al fuerte se halla un **busto** dorado de Hemingway rodeado de columnas neoclásicas. El monumento fue erigido por los residentes de Cojímar en 1962; hay un error en su fecha de nacimiento, que aparece como 1898.

La Terraza de Cojímar.

Don Pepe

PESCADO **$$**

8 PLANO P. 134, A1

Cuando el viajero se canse de la *pizza* de Guanabo, puede ir a este restaurante de pescado, de estilo playero y con techo de paja, a unos 50 m de la arena de la playa de Santa María del Mar.

La Terraza de Cojímar

PESCADO **$$**

9 PLANO P. 134, A3

Otro recordatorio del espíritu de Hemingway. La especialidad es el pescado y se hace de oro con las hordas de fans del escritor que llegan cada día. Sorprendentemente, la comida es mediocre, aunque la terraza con vistas a la bahía es agradable. Tiene más encanto el bar antiguo de la parte delantera, donde los precios del mojito todavía no han llegado a los niveles del Floridita. (7-766-5151)

Cafetería El Mégano

CUBANA **$**

10 PLANO P. 134, A1

No parece gran cosa desde fuera, pero lo mejor de este restaurante diminuto de la playa Mégano es que sirve sus generosas raciones de arroz y alubias en la propia playa (con sillas, mesas y todo). Apenas hay que mover la tumbona. Basta con pedirlo a uno de los señores del cercano punto náutico; ellos se encargan del resto.

La Casa Quinta

CUBANA $

11 PLANO P. 134, E2

Restaurante local de propiedad privada que no se aleja mucho de los clásicos cubanos, que sirve sus platos con rapidez y a precios económicos. Está ubicado en la Quinta Avenida (de ahí su nombre), muy cerca de la playa. El pescado a la parrilla no falla nunca.

Pan.com

BOCADILLOS $

12 PLANO P. 134, E2

Establecimiento estatal económico de Guanabo. Es un poco básico por dentro, pero atrae a los lugareños con sus bocadillos calientes con un delicioso pan cubano crujiente que se esparce por toda la mesa al morderlo. El viajero puede acompañarlo con un batido cremoso.

Dónde beber

Bar Kopas

BAR

13 PLANO P. 134, F2

Con su interior luminoso y su terraza abierta que da a la calle, el Kopas hace barbacoas, pero es igual de popular por sus bebidas y su animación nocturna en la parte de arriba. Al ser Guanabo, se suele a ver muchos hombres extranjeros de cierta edad con acompañantes locales.

Cojímar (p. 136).

DMITRY CHULOV/GETTY IMAGES ©

Ajiaco Café, de la granja a la mesa

Hay por lo menos dos motivos para visitar Cojímar: en primer lugar, para seguir el rastro de Ernest Hemingway; en segundo lugar, para visitar este **restaurante** de la granja a la mesa (plano p. 134, A4; cafeajiaco@gmail.com;) que lleva el nombre del famoso guiso. Sirve una carta de clásicos cubanos, todos ellos ejecutados con creatividad rústica.

Aquí se pueden pedir garbanzos fritos, costillas de cerdo con salsa barbacoa y miel o una *pizza* única de carne desmenuzada y plátano macho. El servicio en este restaurante abierto de estilo rural es excepcional y sirven un café finísimo que podría ser el mejor de Cuba.

Lo mejor de todo es que el Ajiaco Café ofrece **clases de cocina** (50 US$) que incluyen una visita a una finca cercana para elegir ingredientes, seguida de un tiempo de preparación y cocina. Al final se come el plato confeccionado en el restaurante. Se dan clases cada día si hay bastante gente.

Ocio

Centro Cultural Enguayabera

ARTES

14 PLANO P. 134, C4

Proyecto de arte comunitario financiado por el Estado en Alamar, en una antigua fábrica de camisas abandonada en los años noventa (cuando se convirtió en vertedero y urinario público). Se inspiró en la Fábrica de Arte Cubano (p. 106) del Vedado. Incluye numerosos espacios culturales, entre ellos tres pequeños cines, una cafetería literaria, un teatro y una tienda de artesanía.

Merece la pena

Explorar un legado literario en el Museo Hemingway

Cuba fue algo más que un coqueteo pasajero para Ernest Hemingway. El novelista estadounidense vivió durante más de dos décadas (a partir de 1939) en la Finca Vigía, en el tranquilo barrio de San Francisco de Paula (La Habana). Cuando se fue a Estados Unidos en 1960, poco después de la Revolución, su casa pasó a manos del Gobierno cubano y luego se convirtió en museo.

☎ 7-692-0176

La Casona

El principal atractivo del Museo Hemingway es la casa en sí, una bonita vivienda de una planta llena de luz natural, con espaciosas habitaciones abiertas. Para evitar el robo de objetos, los visitantes no pueden entrar, pero las abundantes puertas y ventanas permiten ver el inusual universo de Hemingway. Hay libros por todas partes (incluso al lado del inodoro), un tocadiscos Victrola y una gran colección de discos, además de una cantidad alarmante de cabezas de animales.

La torre

La torre que hay al lado de la casa principal es donde el escritor iba a relajarse, reflexionar y a veces escribir. Contiene una pequeña máquina de escribir, un telescopio, una tumbona y un montón de libros. La vista de la ciudad al norte es muy inspiradora.

Piscina y pérgola

Hace falta un poco de imaginación para visualizar la elegante piscina de Hemingway llena de agua y añadir a la actriz Ava Gardner bañándose desnuda. Otra opción es dejarse caer en un diván y disfrutar del susurro de las palmeras y el bambú. A ambos lados de una pérgola hay sendas casas de baños, que contienen fotos interesantes de Hemingway y sus huéspedes bebiendo y hablando de libros junto a la piscina.

'Pilar'

La barca de pesca de madera que tanto adoraba Hemingway, que en su día tenía amarrada en Cojímar, se llamaba *Pilar.* Actualmente se encuentra en dique seco junto a la piscina en el sitio de la antigua cancha de tenis del escritor. Cerca hay un antiguo campo de béisbol y un recinto de peleas de gallos.

★ Consejos

- No hay que hacer la visita si llueve, ya que casi todo es exterior y a veces cierran con mal tiempo.
- Para una inmersión total en la vida del escritor se puede hacer un circuito de Hemingway. Muchas agencias de La Habana ofrecen circuitos que incluyen el museo y muchos de sus bares preferidos.

Una pausa

El complejo del museo incluye una pequeña **cafetería,** que sirve mayormente bebidas; no hay muchos otros lugares para abrir el apetito por aquí.

★ Cómo llegar

El autobús metropolitano P-7 desde el parque de la Fraternidad (Centro Habana) para enfrente del museo. El autobús P-2 utiliza la misma parada y circula desde el Vedado.

Guía práctica

La Habana Vieja (p. 35). BIM/GETTY IMAGES ©

Antes de partir

Reservas

- Hay miles de casas particulares que ofrecen habitaciones y nunca cuesta encontrar alojamiento en La Habana.
- Los hoteles más económicos pueden igualar el precio de las casas, pero no el confort.
- Hay un número creciente de hoteles-*boutique* privados, además de nuevos hoteles de categoría construidos por el Estado y regentados en parte por cadenas extranjeras como Blue Diamond, Kempinski o Iberostar. Si bien ofrecen mucho ambiente, no pueden igualar las instalaciones de otras partes del Caribe.

La Habana

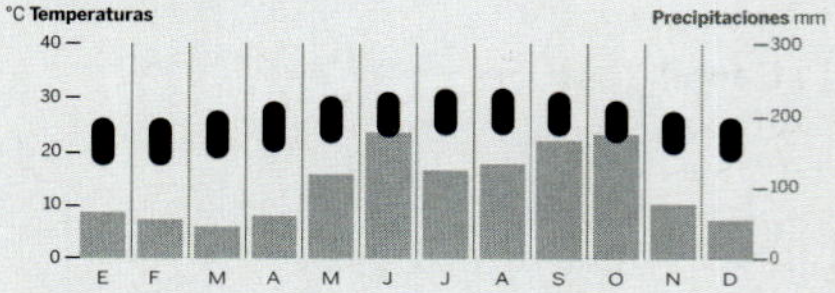

Cuándo ir

- **Feb** Temporada alta
- **Ago-oct** Hace calor pero es divertido, en especial si se quiere ver el carnaval. En octubre se puede evitar el calor veraniego y todavía hay mucho que hacer.
- **Dic** Mucha gente, entre otras cosas por el festival de cine.

Webs

- **Casa Particular** (casaparticularcuba.org) Lista completa de casas privadas de Cuba.
- **Lonely Planet** (https://lonelyplanet.es/america-del-norte-y-central/cuba) Recomendaciones y reservas.
- **A Nash Travel** (nashtravel.com) Veterana agencia de viajes canadiense que puede reservar cualquier hotel de la ciudad.
- **Cuba Casas** (cubacasas.net) Web canadiense actualizada regularmente, en inglés y francés, con cientos de entradas y fotos de casas particulares.

Alojamientos económicos

- **Hostal Peregrino Consulado** (www.hostalperegrino.com) Un cruce encantador entre casa de huéspedes europea y albergue mochilero.
- **Residencia Albero Dulce** (alberodulce.com) Casa muy confortable cerca de la plaza de la Revolución; también ofrece clases de cocina, yoga y paseos en coches clásicos.
- **Hostal Neptuno 1915** (facebook.com/hostalneptuno1915) Habitaciones encantadoras con arte original, muebles elegantes y baños modernos de lujo, alrededor de un pequeño patio en la primera planta y un salón-recepción.
- **Casa 1932** (casa1932.com) Casa de alquiler privada de decoración *art déco;* desayunos épicos.

Alojamientos de precio medio

- **El Candil Boutique Hotel** (hotelcandil.com) Este hotel-*boutique* privado marca tendencia y está poniendo el listón muy alto.
- **Boutique Hotel 5ta y 8 el Vedado** (5tay8vedado.com) Combinación de arte, lujo, antigüedad y modernidad en la zona emergente del Vedado.
- **Casavana Cuba** (casavanacuba.com) La reina de las casas particulares de La Habana es un poco cara, pero vale la pena.
- **Hotel Claxon** (claxonhotel.com) Habitaciones modernas de estilo *boutique* en una elegante villa ecléctica del Vedado, que incorpora uno de los mejores restaurantes de La Habana.

Alojamientos de precio alto

- **Malecón 663** (malecon663.com) Una obra de arte en el paseo marítimo, con habitaciones inspiradoras y confortables.
- **Hotel Royalton Habana** (royaltonresorts.com/resorts/habana) El mejor cinco estrellas de La Habana tiene una ubicación privilegiada en la esquina de Prado con el Malecón.
- **Hotel Iberostar Parque Central** (iberostar.com) Cinco estrellas con ubicación céntrica, instalaciones completas y servicio atento.
- **Gardens** (gardenshavana.com) Puro encanto desvencijado en La Habana Vieja. Es un hotel-*boutique* de cuatro dormitorios bellamente decorado con muebles artesanos y piscina en la azotea.

Cómo llegar

Aeropuerto internacional José Martí

- Se encuentra en la avenida Rancho Boyeros, en Rancho Boyeros, 20 km al suroeste de La Habana por la avenida de la Independencia. Hay cuatro terminales.
- Prácticamente no hay transporte público del aeropuerto al centro. Un taxi cuesta unos 30 US$ y tarda entre 30 y 40 min en llegar a la mayoría de los hoteles del centro. Se puede cambiar moneda en la sala de llegadas.

Estación de trenes de La Coubre

- La red de ferrocarril de Cuba es extensa, pero nunca ha estado muy bien mantenida. La mayoría de los servicios converge en La Habana. Las cosas mejoraron un poco en el 2019 con la introducción de trenes procedentes de China, además de horarios actualizados para muchas rutas.
- Los trenes a la mayoría de los destinos salen de la estación de La Coubre (está previsto que las reformas de la estación central de ferrocarril terminen en el 2024 o más tarde). La Coubre está en la zona suroeste de La Habana Vieja.

Terminal de ómnibus

- Viazul (viazul.wetransp.com) cubre la mayoría de los destinos de interés de los visitantes, en autocares seguros y con aire acondicionado.

- Los servicios salen de una estación a 3,5 km del centro de La Habana.

Terminal Sierra Maestra

- Los cruceros llegan a una terminal del puerto de La Habana que está justo al lado de La Habana Vieja.

Cómo desplazarse

Autobús

- El práctico autobús turístico de **Habana Bus Tour** tiene dos rutas principales: T1 y T3.
- La parada principal es en el Parque Central, frente al Hotel Inglaterra. Aquí se puede tomar el T1, que recorre La Habana Vieja, Centro Habana, el Malecón, la calle 23, la plaza de la Revolución y hasta La Cecilia (extremo oeste de Playa), y el T3, que va de Centro Habana hasta Playas del Este (vía Parque Histórico Militar Morro-Cabaña).

Bicicleta

- Varias empresas con buena reputación alquilan bicicletas que están bien para moverse por la ciudad. La opción más fiable tal vez sea **Ruta Bikes** (rutabikes.com).
- Si el viajero no está seguro sobre la geografía o el tránsito alocado, se puede empezar con un circuito guiado.

Taxi

- Hay taxis delante de los principales hoteles turísticos, ante las dos estaciones de autobuses principales y en puntos del centro como el Parque Central o el parque de la Fraternidad. En La Habana siempre hay un taxi cerca.
- Los más habituales son los amarillos de **Cubataxi,** que suelen ser modernos, con aire acondicionado y taxímetro, pero también cuestan más.
- Los taxis privados legales son más baratos. Suelen ser Ladas amarillos y negros de los ochenta. Con estos se puede regatear más; eso sí, hay que acordar el precio antes de subirse al taxi. Los taxis privados suelen aceptar moneda extranjera, incluidos euros y dólares estadounidenses.

Información esencial

Accesibilidad

- La cultura inclusiva de Cuba se extiende a los viajeros con discapacidades. Aunque a veces faltan infraestructuras, suele compensarlo la generosidad cubana.
- Los autobuses maltrechos, las aceras llenas de baches y los edificios mal mantenidos (algunos sin renovar desde los años cincuenta) dificultan los viajes de las personas con discapacidades físicas.
- Muchos edificios antiguos del país no tienen ascensor (y, si lo tienen, muchas veces no funciona). Los autobuses públicos no tienen modificaciones para viajeros con movilidad reducida. Por su confort y fiabilidad, los modernos Cubataxis son la mejor forma de moverse.

- Los escalones y bordillos siempre son un problema. No suele haber rampas y, cuando las hay, pueden ser empinadas.
- Solo los hoteles más caros ofrecen habitaciones accesibles con puertas anchas y baños adaptados. Si es la primera vez en Cuba, tal vez sea buena idea invertir en un hotel de calidad que atienda a viajeros con discapacidades. El **Hotel Iberostar Parque Central** y el **Gran Hotel Manzana Kempinski,** ambos en el Parque Central, son buenas opciones.
- Los viajeros invidentes recibirán ayuda para cruzar la calle y tendrán prioridad en las colas. Los centros telefónicos de Etecsa cuentan con equipos telefónicos para personas sordas y los programas de televisión se emiten con subtítulos descriptivos.

Dinero

- El dinero sigue siendo la cuestión más complicada al plantearse un viaje a Cuba, ya que la situación cambia regularmente.
- Tras más de un año de hiperinflación y de crecimiento de un mercado negro desenfrenado, el Gobierno cubano reajustó radicalmente el tipo de cambio en agosto del 2022, desde 24 CUP por 1 US$ a más de 120 CUP por 1 US$.
- Esta es la tasa que se obtiene al cambiar dinero en bancos gubernamentales y oficinas de cambio de Cadeca. Se pueden consultar los tipos de cambio actuales para las principales monedas en la web de Cadeca (cadeca.cu).
- Actualmente el euro es la mejor moneda extranjera para llevar a Cuba, porque es la más aceptada y está sujeta a las comisiones bancarias más bajas (aprox. 2%). Además, muchos empresarios privados (restauradores, taxistas, alojamientos en casas) prefieren que se les pague en euros en lugar de pesos cubanos (aunque aceptan ambos). Algunas empresas estatales también aceptan euros.

Mercado negro

- En Cuba hay un enorme mercado negro informal, en el que participa casi todo el mundo. El tipo de cambio no oficial "de la calle" siempre es más favorable que el oficial del Gobierno (es decir, el que ofrecen bancos, cajeros automáticos y oficinas de Cadeca, y el de las transacciones con tarjeta de crédito).
- Nunca hay que cambiar dinero con un desconocido en la calle.
- En muchos lugares aceptan euros y dólares estadounidenses, pero siempre hay que comprobar el tipo de cambio implicado antes de pagarlos.

Cajeros automáticos

En La Habana abundan los cajeros, que suelen funcionar bastante bien. Antes del viaje, se recomienda consultar con la entidad bancaria sobre la funcionalidad de la tarjeta en Cuba. Los cajeros suelen aceptar tarjetas de crédito y débito que no están vinculadas a EE UU.

Los cajeros ofrecen pesos cubanos al tipo de cambio oficial.

Cambio de dinero seguro

- Se debe cambiar solo pequeñas cantidades de dinero. El tipo fluctúa constantemente y los pesos sobrantes no se pueden sacar de Cuba.
- Evitar cambiar dinero en el aeropuerto, donde el tipo de cambio es bajo.
- Las reglas sobre moneda en Cuba son muy volátiles. Hay que consultar la situación antes de viajar.
- Se puede consultar el tipo de cambio oficial en cadeca.cu y www.bc.gob.cu. Se pueden encontrar tipos no oficiales aproximados en eltoque.com.

Tarjetas de crédito

En Cuba se aceptan las tarjetas de crédito. De hecho, son la única forma de pagar algunos servicios, como habitaciones en hoteles gubernamentales, alquiler de coches, billetes de autobús y compras en tiendas y restaurantes estatales. No se aceptan tarjetas de crédito afiliadas a bancos de EE UU.

Propinas

En Cuba es importante dejar propina.

- **Resorts/hoteles** Un 10% por un buen servicio.
- **Músicos** Algún billete pequeño para los músicos de los restaurantes cuando llega el cestito.
- **Guías** Dependiendo de la duración del circuito (1 € por unas horas, más por visitas más largas).
- **Restaurantes** Lo normal es el 10% (hasta un 15% por un servicio excelente).
- **Taxis** Si se va con taxímetro, un 10%; de lo contrario, se acuerda el precio completo de antemano.

Qué hacer y qué no

Cuba es un país informal con pocas normas de protocolo.

- **Saludos** Se les da la mano a los desconocidos. Entre gente que ya se conoce, es apropiado dar un beso o dos en la mejilla (hombres-mujeres y mujeres-mujeres).
- **Conversación** Aunque pueden ser sorprendentemente sinceros, los cubanos no siempre están dispuestos a hablar de política, en especial con desconocidos y si ello implica criticar abiertamente al Gobierno.
- **Bailar** En Cuba no hay vergüenza a la hora de bailar. El viajero debe olvidarse de sus reservas y dejarse ir.

Electricidad

Tipo A
120V/60Hz

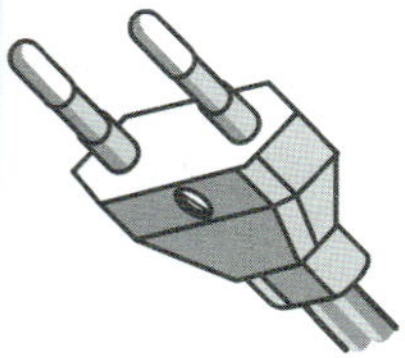

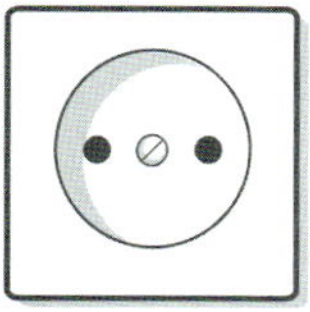

Tipo C
220V/50Hz

Emergencias

Para llamar a Cuba desde el extranjero hay que marcar el código internacional, el prefijo de Cuba, el código de ciudad o zona (menos el 0, que se utiliza al llamar entre provincias) y el número local.

Prefijo nacional de Cuba	53
Emergencias	106
Información telefónica	113
Policía	106
Bomberos	105

Fiestas oficiales

Oficialmente, en Cuba hay 10 fiestas oficiales.

1 de enero Triunfo de la Revolución

2 de enero Día de la Victoria

Marzo/abril (fecha variable) Viernes Santo

1 de mayo Día de los Trabajadores

25-27 de julio Día de la Rebeldía Nacional

10 de octubre Día de la Independencia

25 de diciembre Navidad

31 de diciembre Nochevieja

Horario comercial

Bancos 9.00-15.00 lunes-viernes

Farmacias 8.00-20.00

Oficinas de cambio de Cadeca 9.00-19.00 lunes-sábado, 9.00-12.00 domingo. Muchos hoteles de calidad ofrecen cambio de moneda hasta altas horas de la noche.

Oficinas de correos 8.00-17.00 lunes-sábado, a veces hasta más tarde

Restaurantes 12.00-24.00

Tiendas 9.00-17.00 lunes-sábado, 9.00-12.00 domingo

Información turística

- El servicio estatal **Infotur** (infotur.cu) reserva circuitos y ofrece mapas, útiles folletos gratuitos y tarjetas telefónicas.
- Prácticamente todos los hoteles de La Habana tienen algún tipo de mostrador de información turística estatal.

Lavabos públicos

En La Habana no abundan los baños públicos limpios y accesibles. La mayoría de los turistas suele recurrir a hoteles de lujo. Incluso allí, muchas veces los baños carecen de papel higiénico, jabón y cierre en la puerta. Por lo general, hay que dar propina al encargado del baño.

Precauciones

La Habana no es una ciudad peligrosa, sobre todo en comparación con otras áreas metropolitanas de Norteamérica y Sudamérica. Prácticamente no hay crimen con armas, robos violentos, bandas organizadas, delincuencia juvenil, drogas o zonas peligrosas. Las severas penas de prisión por delitos como agresiones son un importante elemento disuasorio para los posibles delincuentes y mantienen a raya el crimen organizado. Cosas a tener en cuenta como viajero:

- Los pequeños robos de carteristas.
- Devolver de menos en bares y restaurantes.
- Estafadores que venden puros en la calle.
- Para las mujeres, bromas sexistas y atención no deseada por parte de los hombres.

Servicios telefónicos

- Cubacel cuenta con una amplia gama de acuerdos de itinerancia. Se puede ver la lista completa aquí: www.etecsa.cu/es/visitantes/roaming.
- Se puede utilizar el móvil en Cuba con una SIM local, aunque primero hay que liberar el teléfono. Se puede comprar una tarjeta SIM en un *telepunto* de Etecsa. Hay que llevar el pasaporte. Etecsa tiene una oficina en el aeropuerto de La Habana y otras dos en la ciudad.
- Sin embargo, para comunicarse con personas en el extranjero puede ser más barato comprar una tarjeta de internet de carga por horas o bien encontrar wifi y utilizar Skype o WhatsApp.

Viajeros estadounidenses

- Los ciudadanos de EE UU pueden solicitar una “licencia general” para viajar a Cuba bajo 12 categorías diferentes recogidas por el Departamento del Tesoro de EE UU. A los viajeros independientes les conviene la categoría Support for the Cuban People, que es relativamente abierta.
- Para evitar implicaciones legales al volver a EE UU, se les recomienda elaborar un itinerario detallado antes de viajar y guardar todos los recibos y direcciones de los alojamientos (hasta 5 años después del viaje).
- Para más información: treasury.gov/resource-center/sanctions/Programs/pages/cuba.aspx.

Visados

- Para entrar a Cuba es necesario un pasaporte en vigor, un visado y una prueba de haber contratado un seguro de viaje. También se debe completar el formulario sanitario en: https://www.dviajeros.mitrans.gob.cu/inicio. Genera un QR que se muestra en la aduana.
- El visado debe ser acorde con las actividades a realizar en Cuba y por el tiempo de la estancia.
- El visado turístico solo es válido para una estancia máxima de 90 días y solo es prorrogable una vez.
- Más información en las recomendaciones de viaje a Cuba de https://www.exteriores.gob.es/.

Entre bastidores

Actualización y sugerencias

Si el lector encuentra cambios en los lugares descritos u otros recién inaugurados, le agradeceremos que escriba a Lonely Planet en www.lonelyplanet.com/contact/guidebook_feedback/new para mejorar la próxima edición. Todos los mensajes se leen, se estudian y se verifican. Quienes escriban verán su nombre reflejado en el capítulo de agradecimientos de la siguiente edición. Determinados fragmentos de la correspondencia de los lectores podrían aparecer en nuevas ediciones de las guías Lonely Planet, en la web de Lonely Planet, así como en la información personalizada. Se ruega a todo aquel que no desee ver publicadas sus cartas ni que figure su nombre que lo haga constar.

Agradecimientos de Brendan

Un agradecimiento especial a todos mis amigos cubanos, es especial a Julio y Elsa Roque del Hostal Peregrino, a Luis Miguel Ulacia de Casa 1932, a Osiris Oliver de El Rum Rum de La Habana, a Titina de Playa y a Celine del Vedado. Muchas gracias también a Carlos Sarmiento por conducir con tanto cuidado y ser tan buena compañía. Gracias también a mi esposa Liz y mi hijo Kieran por viajar conmigo y disfrutar de ello (creo).

Reconocimientos

Fotografías de cubierta: (cubierta) coche clásico en el paseo de Martí, Susanne Kremer/4Corners Images ©; (contracubierta) músico cubano tocando la trompeta, Bim/Getty Images ©.
Fotografías pp. 30-31 (en sentido horario desde arriba a la derecha): Vadim_N/Shutterstock ©; Tupungato/Shutterstock ©; Hemis/Alamy Stock Photo ©.

Índice

Véanse también los subíndices:
Dónde comer p. 154
Dónde beber p. 155
Ocio p. 155
De compras p. 155

Puntos de interés 000
Planos **000**

Dónde comer

Puntos de interés 000
Planos **000**

Dónde beber

Ocio

De compras

El autor

Brendan Sainsbury

Brendan nació y creció en una ciudad británica que nunca aparece en las guías turísticas (Andover, Hampshire). De joven se pasó las vacaciones recorriendo en coche el Distrito de los Lagos inglés y no abandonó Gran Bretaña hasta los 19 años. Recuperando el tiempo perdido, desde entonces ha visitado 80 países en una existencia a veces precaria como escritor y vagabundo profesional. En los últimos 18 años, ha escrito más de 60 guías para Lonely Planet, desde la Cuba de Castro hasta la selva de Colombia. Cuando no está tomando notas sobre viajes, a Brendan le gusta participar en ridículas carreras de "resistencia", rasguear viejas canciones de The Clash en la guitarra y experimentar el dolor y los placeres ocasionales de seguir al Southampton Football Club.

geoPlaneta
Av. Diagonal 662-664, 08034 Barcelona
www.geoplaneta.com – www.lonelyplanet.es

Lonely Planet Global Limited
Lonely Planet Global Limited, Digital Depot,
The Digital Hub, Dublín D08 TCV4, Irlanda
www.lonelyplanet.com
Contacta con Lonely Planet en: lonelyplanet.com/contact

La Habana de cerca
2ª edición en español – marzo del 2024
Traducción de *Pocket Havana*, 2ª edición – diciembre del 2023
© Lonely Planet Global Limited
1ª edición en español – enero del 2018

Editorial Planeta, S.A.
Av. Diagonal 662-664, 7º. 08034 Barcelona (España)
Con la autorización para la edición en español
de Lonely Planet Global Limited, Digital Depot,
The Digital Hub, Dublín, D08 TCV4, Irlanda

ISBN: 978-84-08-23024-3
Depósito legal: B. 5.058-2020
Impresión y encuadernación: Unigraf
Printed in Spain – Impreso en España